口吃简史

王永胜

— 著 —

上海文艺出版社

目 录

一 德摩斯梯尼与口吃及其他　　1

二 韩非：口吃的御龙者　　17

三 扬雄：隐微写作者　　47

四 朱见深：帝王的口吃现象　　71

五 毛姆：投影在中国屏风上　　91

六 关于纳博科夫的另一种解法　　109

七 曼德尔施塔姆：时代的喧嚣，我曾握过　　127

八 三岛由纪夫的内心深渊
　　——兼论《金阁寺》中口吃的纵火者　　149

九 我的口吃简史　　167

一

德摩斯梯尼与口吃及其他

两千多年前的古希腊爱琴海边，年轻愤懑的德摩斯梯尼在寒风中裹紧袍子，抓几粒大理石石子塞进嘴巴，面朝怒涛，练习发声，克服口吃。也是，在雕塑之风盛行的古希腊，找几粒大理石石子还不容易？据说，经过如此刻苦的训练，他终于成为一位杰出的演说家。

这是德摩斯梯尼留在许多人心目中的形象，尤其是对口吃的人来说，这是多么励志的神像。我早年口吃，是源于八九岁时的恶作剧。我嘲笑一个口吃的孩子，不怀好意地模仿他，从此，口吃如一只被诅咒的兽，跟随我近三十年。每一个口吃的孩子，几乎都会被告知，含石子练习发声可以矫正口吃。

在这段幽暗的岁月里，我慢慢地知道，他叫德摩斯梯尼，神像在我心中慢慢耸立，可随着阅历的加深、自我的矫正，德摩斯梯尼的神像又开始松动。因为从一开始，我就"怀疑"，到之后"不相信"。德摩斯梯尼真的会把石头塞进嘴巴里吗？

一

由于父亲过早离世，德摩斯梯尼是在三位监护人的看管下长大。他甫一成年，成为正式公民之后，立即对这三位监护人提出一系列咄咄逼人的指责控诉。从保存下来的控告监护人阿弗波斯的两篇演说《诉阿弗波斯一》和《诉阿弗波斯二》来看，德摩斯梯尼集中运用了情感手段，他"多次诉求陪审团对他给予同情和怜悯，并且激发陪审员对被告阿弗波斯的愤怒。此外，他还使用非常情绪化的叙述。例如，他在指责阿弗波斯时夸张地说：如果监护期再长一些，他将不但得不到任何财产，甚至会被监护人饿死"[1]。

此次诉讼的结果，据普鲁塔克所说，德摩斯梯尼"经历险恶的过程，凭着锲而不舍的努力终于胜诉，被人侵占的遗产能够取回很小一部分，仅有的收获在于演讲方面赢得相当的自信和经验"[2]。

不过，德摩斯梯尼初次在市民大会发表演说，遭遇很大的挫折，备受听众嘲笑。普鲁塔克说，是因为他的演讲姿态极其

---

[1] 李尚君：《"演说舞台"上的雅典民主》，北京大学出版社2015年版，第34页。
[2] 普鲁塔克：《希腊罗马名人传》，席代岳译，吉林出版集团2011年版，第1517—1518页。

怪异，而且口齿非常笨拙，语句冗长，再加上论点刻板，让人难以入耳。他的声调有很大的缺陷，言辞不够清晰明白，气息短促，经常使得长句中断无法连贯，影响到语言的表达。

气馁之余，德摩斯梯尼只能怏然离开会场。当他心情沮丧之际，遇见一个名叫优诺穆斯的人，这个人评价德摩斯梯尼的言辞"颇能具备伯利克里的风格，只是性格过于懦弱，遇事畏缩不前，无法勇敢面对群众的叫嚣，体能不足以应付当前的需要，怠惰疏忽以至于精神委靡不振"[1]。

普鲁塔克在《希腊罗马名人传》的"德摩斯梯尼"同一章节，罗列了上述看上去矛盾的史料，读来让人费解，不过，在我看来，其中也留下了几点合理的信息。

口吃的产生与矫正，是一个长期复杂的过程。每一个口吃者几乎做不到立一个明确的目标，比如，在18岁成年前一定改掉口吃，像德摩斯梯尼一样，可以大胆控告三位监护人。这样的做法，效果往往适得其反，会给口吃者带来更大的压力，让口吃更严重。

可以想象，面对三位监护人，德摩斯梯尼做了万全的准备，且感情真挚，所以能很好地驾驭现场。不过，这和他初次面对市民发表演说的紧张，其实并不矛盾。据《阿提卡之夜》作

---

[1] 普鲁塔克：《希腊罗马名人传》，第1518页。

者奥卢斯·革利乌斯所说:"塞奥弗拉斯特,这位在他的时代最善辩的哲学家,在对雅典民众做一篇很短的演讲时因羞涩而缄口不言;这样的事在德摩斯梯尼与腓力国王谈话时也发生了。"[1] 也许,面对强大人物时的恐惧与羞涩,是我们人性中的一部分。

从制度上推敲,德摩斯梯尼口吃的可能性其实也很小。

正如《"演说舞台"上的雅典民主》作者李尚君所说:"在古典时期的雅典人看来,对政治家进行全面了解是民主制的体现,而这种了解不仅是政治家在公民大会中进行提议演说时的公共形象,更包括他作为雅典公民在日常生活中的各种表现……从演说辞证据来看,政治家有必要公开展示私人生活以证明自己品格高尚,这在雅典民主政体中似乎是一种制度要求,即所谓的'资格审查'。"[2]

古典时期的雅典,政治人物在不得不展示自己的私生活以示高尚的同时,各种不光彩的事也无处躲藏。我们只要读一读德摩斯梯尼和他政敌的演说辞,对此就有直接的体会。可是呢,我们没有在德摩斯梯尼以及和他同时期的人包括政敌口中,得到有关他口吃的信息。这一点,其实非常重要。

---

[1] 奥卢斯·革利乌斯:《阿提卡之夜》(6—10卷),虞争鸣等译,中国法制出版社2018年版,第104页。
[2] 李尚君:《"演说舞台"上的雅典民主》,北京大学出版社2015年版,第56页。

李尚君在《"演说舞台"上的雅典民主》中考察了演说的表演属性与政治属性之间的矛盾与张力。他指出，雅典人对演说技艺的态度是正反并存，作为"精英"的演说者虽然接受过演说技艺的教育，却声称不善演说，而作为"大众"的演说听众对于演说者掌握演说技艺的事实以及不善演说的伪装都给予默许。[1]

与德摩斯梯尼同时期的亚里士多德也曾经提出警告，要将讼诉演说的功能局限于"阐明事实"，以向陪审员提供准确的信息，并将情感手段视为对此功能的损害而予以排斥。[2] 雅典人对利用演说技巧在政治演说场合取悦、欺骗甚至误导雅典民众，以至于破坏城邦法律和民主政体的人，感到忧虑重重。

明白了这个背景——在我看来，这处处透露出雅典人的防范意识——我们才能体会到德摩斯梯尼为什么会一再嘲讽自己的政敌埃斯基涅斯，"（他）曾经训练过发声技巧，希望能够在悲剧表演中利用自己的嗓音来征服观众，结果被轰下台，他于是才结束演员生涯，成为现在的政治家"。在《金冠辞》里，德摩斯梯尼重申这一批评，讽刺埃斯基涅斯嗓音的洪亮及其在朗诵技巧方面的刻意训练。同时，德摩斯梯尼还对埃斯基涅斯在诉讼

---

[1] 李尚君：《"演说舞台"上的雅典民主》，第43页。
[2] 李尚君：《"演说舞台"上的雅典民主》，第33页。

现场的演说表演进行攻击，称埃斯基涅斯借助诉讼的机会进行其个人"演说与发声技巧的展示"，而非审判政治家的罪行。[1]

我们假设，如果德摩斯梯尼真的是早年口吃，通过塞石子进嘴巴的方式，刻苦练习"发声技巧"，那无疑会被埃斯基涅斯抓住这个致命的要害，狠狠倒打一耙。

二

关于德摩斯梯尼口吃的说法，目前能看到的早期文献，是出自古罗马的西塞罗，而这时离德摩斯梯尼自杀已经过去两百多年：

> 他还须得模仿那无疑被认为是最富有演说力量的著名的雅典人德摩斯梯尼，因为传说此人具有如此巨大的热情和如此顽强的能力，他首先靠自己的勤奋磨炼和刻意追求克服了自己的先天不足。当他如此结舌，以至于不能发出他所从事的这门技艺的第一个字母时，他通过不辞辛苦的练习，终于到达了被认为任何人都不可能发得更清晰的水平。其次，当他呼吸比较短促时，他达到了演讲时能这样

---

[1] 李尚君：《"演说舞台"上的雅典民主》，第51页。

地保护呼吸——他的演说辞可以表明这一点——即在一个连续的语段中包含两个声调升高和降低。此外，传说还称，他曾经练习把小石子含在嘴里，放开声音一口气连续朗读许多行诗，并且不是站在一个地方，而是漫步着，甚至缓缓地登上陡峭的山坡。[1]

此处所说的德摩斯梯尼"不能发出他所从事的这门技艺的第一个字母"，是指字母 r，在古希腊语中"修辞学"一词是ρητορική（即拉丁文"rhetorica"）。除了塞石子进嘴巴里，上述这段关于口吃的描写可谓非常真实。每一位口吃的人，都有几个特殊的音死活发不出来，英国国王乔治六世(影片《国王的演讲》原型)年轻时曾饱受口吃之苦，据说他不能回答一半的一半是多少，因为他无法拼读出"quarter"（四分之一）这个单词。

可是呢，《论演说家》里的这段表述很曲折。原话是克拉苏斯说的，被安托尼乌斯引用(这两个人都是西塞罗的演讲老师)，再被西塞罗写在《论演说家》之中，可谓是转了又转的说法。在转了好几转的说法里，又是引用了"传说"，这不得不让人怀疑。

后来的注释者在西塞罗《论演说家》的此处位置，往往会补

---

[1] 西塞罗：《论演说家》，王焕生译，中国政法大学出版社 2003 年版，第 197 页。

上普鲁塔克的说法："据普鲁塔克说，德摩斯梯尼为了克服这一先天不足，曾避居乡间，口吞石子，反复地练习这个字母的发音，最后终于练成功。"[1] 在两位杰出作家的相互印证之下，德摩斯梯尼口含石子的说法似乎真实了几分。

比西塞罗晚一百五十多年出生的普鲁塔克，在他的《希腊罗马名人传》第二十篇把德摩斯梯尼和西塞罗两个人的传记放在一起，他在《德摩斯梯尼篇》这一章提到德摩斯梯尼的口吃：

> 费勒隆人德米特流斯告诉我们，说是德摩斯梯尼到老年时曾经提到，他过去曾经努力克服身体的缺陷，为了矫正口齿不清和说话结巴的毛病，他在嘴里含着小石子来练习讲演。他边跑边走，爬上陡坡，在气喘不已的状况下高声朗诵讲词和诗句，借以训练音调的强度。[2]

这又是一个转了好几转的可疑出处。

《希腊罗马名人传》中不断出现逸闻轶事和流传的八卦消息，普鲁塔克也经常脱离主题，描述不实的传闻和无中生有的故事，这样一来，传记不至于过于枯燥，可是不少史家对这种

---

[1] 西塞罗：《论演说家》，王焕生译，中国政法大学出版社2003年版，第197页。
[2] 普鲁塔克：《希腊罗马名人传》，第1522页。

写作的方式，提出严厉的批评和指责，甚至有人将他贬为说书者之流。

丹麦研究古希腊的顶尖学者汉森在《德摩斯梯尼时代的雅典民主》之中，也顺便质疑了普鲁塔克，他说："普鲁塔克学识渊博，跟其他历史学家相比，他常常援引和讨论他的史料，所以他的《名人传》是我们重要的史料，因为他依据的原始材料早已消失。然而他写得很像逸闻轶事，而且富于个人态度，与其说讲述雅典政治制度倒不如说讲述五百年之后图拉真时代的罗马帝国；因此，历史学家援引他的著作时还得谨慎。"[1]

实际上，普鲁塔克自己也认识到这个问题，他在第十七篇《亚历山大》中忍不住跳出来："大家应该记得我是在撰写传记而非历史……因之要请各位容许我就人们在心理的迹象和灵魂的征兆方面多予着墨，用来追忆他们的平生，而把光荣的政绩和彪炳的战功留给其他作家去撰写。"[2] 普鲁塔克说得很清楚，他更在意的是"传记"，这里的"传记"类似中国的"传奇"，而区别于真实的"历史"。

席代岳也提醒我们，对普鲁塔克要多一点宽容。希腊人和

---

[1] 摩根斯·赫尔曼·汉森：《德摩斯梯尼时代的雅典民主》，华东师范大学出版社2014年版，第19页。
[2] 普鲁塔克：《希腊罗马名人传》，第1195页。

罗马人将历史看成文艺的一个分支，所以，他们的著述不在于历史的观点和法则，完全采用文学的表达方式或戏剧的表现手法，甚至像西塞罗这样的大学者，也将历史纳入修辞学的范畴，他曾经明确指陈："修辞学家有权校订和改变历史的事实，进而达到最佳的叙述效果。"[1]

也许，对西塞罗和普鲁塔克来说，让（或者说相信）德摩斯梯尼口吃，符合他们对俊杰的想象与期望。正如孟子所云："天将降大任于斯人也，必先苦其心志，劳其筋骨，饿其体肤。"

真相往往少了许多传奇色彩。比普鲁塔克晚出生数十年的奥卢斯·革利乌斯在读书笔记《阿提卡之夜》里多次提到德摩斯梯尼，却没有提到——或者说他并不相信——德摩斯梯尼口吃这个流传已久的说法。[2]

三

历史长河中的德摩斯梯尼站在何处？

他站在民主的雅典即将坠毁、谢幕之时，要面对的敌人分别是腓力、亚历山大和安提帕特。

---

[1] 普鲁塔克：《希腊罗马名人传》译序。
[2] 奥卢斯·革利乌斯：《阿提卡之夜》(6—10卷)，虞争鸣等译，第104页。

在希波战争和伯罗奔尼撒战争中,马其顿保存实力,在雅典和斯巴达衰落之时,趁机崛起。从体质上来说,马其顿人要比南面的希腊人强壮,骑兵战士皆披铠甲,坐骑也远较一般希腊所产的马匹高大,在战争中屡次表明他们比色雷斯部队优越。修昔底德曾形容,马其顿骑兵"无人可挡"。腓力乃一代雄主,精于军事、外交,明暗计谋运用自如,他锻造了当时世界所曾见过的最可怕的战斗部队——传奇的马其顿方阵。

从制度上来说,腓力和德摩斯梯尼都看到了民主城邦难以克服的诸多弱点——长年累月的派系斗争、行政力量的缺失、决策的低效、公民大会投票时不可预知的怪异反常、使严肃的长期规划变得不可能的年度选举,还有业余的临时征兵。

所以,德摩斯梯尼才会一次次地走上公民大会,希望公民奔赴战场,而不是每次都依靠越来越无用的雇佣兵。雅典此时招募的雇佣兵可谓乏善可陈,在马其顿兵的围攻之下,奥林图斯城邦向雅典求援,就明确指出,需要公民部队而不需要雇佣军。

而马其顿国王的权力是绝对的,他拥有所有的土地、手握战争最高指挥权,是法官、祭司和财政首长。马其顿还是无偿征召兵员的国家。腓力感觉到,马其顿深受其他希腊人鄙夷的过时制度,有可能成为对付这些对手的力量源泉。终其一生,他通过利用人性的贪婪和民主的无能——常常是同时利用——

取得了他最大的进展。[1]

公元前346年8月,腓力占领温泉关,眺望再无屏障可守的阿提卡,在某种意义上来说,这个时候,雅典的悲剧就已经注定。公元前338年8月的恰龙尼亚之战,只是顺势而为。在这场战役之中,希腊方阵被撕开一道口子,亚历山大带领骑兵"伙伴"冲入缺口,腓力的部队把他们赶进一个山凹,在这里杀死了一千人,俘虏了两千人。另一边,被亚历山大的骑兵包围的底比斯圣军也全部被歼。希腊全军溃败。

这场战役之后,德摩斯梯尼苦心经营的反腓力阵线彻底溃败;而亚里士多德想到自己的学生亚历山大会更加骄傲。亚历山大常常觉得自己是神,他最能感知自己也是凡人的时刻,是在性爱和睡觉之时。

腓力和亚历山大驾崩时,德摩斯梯尼每次都欢欣鼓舞,以为事业大有可为,重新启动反马其顿工作。他后来才明白,相比腓力和亚历山大,安提帕特最为可怕,因为安提帕特是一个决心要铲除所有抵抗他的势力的将军。

安提帕特在雅典建立寡头政府,通缉德摩斯梯尼这些鼓吹雅典参战的演说家。公元前322年,德摩斯梯尼在卡拉鲁尼亚

---

[1] 彼得·格林:《马其顿的亚历山大》,詹瑜松译,民主与建设出版社2018年版,第15页。

的波塞冬神庙被找到。这是当地一座很著名的神庙,用来藏身似乎太过招摇。也许,德摩斯梯尼不想再逃了。他服了毒,准备离开神庙以免污渎圣台,但在祭台边倒毙了。这样一来,雅典的自由就在这一年彻底结束了。

普鲁塔克在《希腊罗马名人传》里把德摩斯梯尼和西塞罗放在同一篇,是有深意的,都在哀叹一个时代的落幕。

《阿提卡之夜》在第13卷谈到德摩斯梯尼和西塞罗的死亡:

> 暴力导致的死亡并不被看作是出自命运。西塞罗看起来是追随了德摩斯梯尼这样一位智慧和雄辩同样出色的人的观点。后者在其杰出的演说《金冠辞》中这样说道:"那些仅仅认为自己是为父母而生的人,不过是在等候宿命或注定的死亡罢了;而那些认为自己是为祖国而生的人,则会决意为国牺牲以免见到她蒙受奴役。"西塞罗称之为"命运"和"自然"的,德摩斯梯尼很久之前称之为"宿命"和"注定的死亡"。"注定的死亡"与自然的、命运的死亡一样,不包括因外来暴力所致的死亡。[1]

最后,回到我的主题。德摩斯梯尼并没有口吃,也不可能

---

[1] 奥卢斯·革利乌斯:《阿提卡之夜》(11—15卷),虞争鸣等译,第81页。

塞石子进嘴巴，还有一个小小的证据。我也曾在嘴巴里塞进好几粒硬糖代替石子——石子真是塞不进嘴——练习发声，会出现两个大问题：一是字词的发音会变异；二是徒增压力，感觉自己的怪异。不少图书提及，口吃患者塞石子进嘴巴矫正口吃，这是徒劳。假如德摩斯梯尼得知，许多年之后会有人如此模仿他，他一向忧郁的面容一定会笑得很开心。

韩非：口吃的御龙者

从韩都新郑（今河南省新郑市）到秦都咸阳，东西走向五百多公里，如果车技好，走高速半天就到。可是，放在韩非的时代，这是一条漫长的道路。从新郑出发，过伊阙、宜阳、函谷关，看着太阳一次次在前方秦国地平线上沉没，又一次次从身后故国地面升起。这一路，不知韩非会作何感想？

使秦

细究起来，韩非使秦细节，《史记》说法不一。

《秦始皇本纪》里说："（秦王政）十四年，攻赵军于平阳，取宜安，破之，杀其将军。桓齮定平阳、武城。韩非使秦，秦用李斯谋，留非，非死云阳。"

《六国年表》里，韩王安即位直到韩国灭国这几年的记录是空白的，在太史公看来，韩王安朝似乎没有什么大事值得写进年表。在《六国年表》秦王政十四年记录的是："桓齮定平阳、武城、宜安。韩使非来，我杀非。韩王请为臣。"

《秦始皇本纪》和《六国年表》这两处说法相同，是说秦王政十四年(公元前233年)，秦国大举进攻赵国，战火并没有烧到韩国，韩国感到不安，所以韩非使秦。

另一种说法是，秦国已经攻韩，韩非这才使秦。

《韩世家》里说："(韩)王安五年，秦攻韩，韩急，使韩非使秦，秦留非，因杀之。"

当然此事要属《老子韩非列传》中的最为详细，也最为曲折：

> 人或传其书至秦。秦王见孤愤、五蠹之书，曰："嗟乎，寡人得见此人与之游，死不恨矣！"李斯曰："此韩非之所著书也。"秦因急攻韩。韩王始不用非，及急，乃遣非使秦。秦王悦之，未信用。李斯、姚贾害之，毁之曰："韩非，韩之诸公子也。今王欲并诸侯，非终为韩不为秦，此人之情也。今王不用，久留而归之，此自遗患也，不如以过法诛之。"秦王以为然，下吏治非。李斯使人遗非药，使自杀。韩非欲自陈，不得见。秦王后悔之，使人赦之，非已死矣。

细细推敲，这是一个疑点重重，存在诸多不合情理之处的说法。

秦王政读韩非书击节感叹，李斯内心嫉妒，但是为了秦国的利益，不得不点出韩非的名字，如果说，这里还算合理，可是故事接下来的发展，也太过戏剧性：秦王政为了得到韩非，决定急攻韩——韩王急，刚好派出韩非使秦——秦王政喜悦，得韩非又未信用——李斯、姚贾趁机进谗言——秦王政以为然，下吏治非——李斯使人遗非药——韩非欲自陈，不得见——秦王政后悔之，使人赦之，非已死。

纵观秦始皇一生事迹，后期虽然脾气暴躁，但是非常精明，几乎没有走过一步错棋。以如此前后摇摆的态度对待韩非，不是他一贯的作风。

秦国为了不断扩张，重视客卿的力量，对人才极具包容性。我们由出土的《睡虎地秦简》可以了解到，秦国法律规定，秦国女性与"外国"男性所生的子女，享受秦国人的法律地位。[1]但是，韩非身份非常特殊，他是"韩之诸公子"，"终为韩不为秦，此人之情也"。秦王政早就已经知晓，不用李斯事后提醒，才恍然大悟。

秦王政攻一国而得一人有之：荆轲刺秦未成，秦王政大怒，加派军队到赵国，命令王翦军队伐燕，要太子丹人头，也顺势灭了燕国。可是，两者不可相提并论。秦、韩两国接壤，

---

[1] 李开元：《秦谜》，中信出版集团2019年版，第97页。

实力悬殊，秦国长久蚕食韩国。在韩王安朝，荥阳、上党悉已入秦，韩国只存颍川一郡，早已没有抵抗能力，也根本不需要秦国"急攻"之，还因为韩非的关系。

秦灭六国，韩国最先被灭，这也是秦统一六国过程中最为轻松的。在韩王安朝，两国之间并没有发生值得太史公大书特书的惊心动魄的战争。公元前231年9月（此时韩非已死），秦国发兵接收韩南阳假守腾投献的南阳，次年让"内史腾攻韩，得韩王安，尽纳其地"。这个内史腾，或许就是刚刚投降过来的"韩南阳假守腾"，秦灭韩，甚至无需动用大将王翦，让熟悉韩内情的"韩南阳假守腾"轻松灭韩，其实也就是灭一郡，何用"急攻"？

姚贾为什么要害韩非？太史公没说，我们却在《战国策》里找到答案。《战国策·秦策五》"四国为一章"里提到：四国联合抗秦，秦王召群臣、宾客六十人来商议，众人束手无策。姚贾说，他愿出使四国，必绝其谋，而安其兵。秦王乃资车百乘，金千斤，衣以王衣，冠以王冠，带以王剑，最后（姚贾）绝其谋，止其兵。秦王大悦，封姚贾千户，以为上卿。

这时，韩非跳出来痛斥姚贾，说他贪污公款、假公济私，出身卑微，是"世监门子"，其父是看管城门的监门卒——这点指责倒是很符合韩非贵族的优越感。

秦王召姚贾质问，姚贾对答如流。他对自己的出身也毫不隐讳，并列举姜太公、管仲、百里奚等名人为例，说明一个人出身低贱并不碍于效忠"明主"。他劝秦王不要听信谗言，于是秦王信任姚贾而杀了韩非。

韩非使秦时，四国联合抗秦，究竟是哪四国？于史无据。所以，后人普遍认为这条为伪。《战国策》充斥着虚构的故事，尤其是游士的大话，什么"资车百乘，金千斤，衣以王衣，冠以王冠，带以王剑"，未必属实。再者，就算姚贾真的办成此事，以韩非的智慧，也不至于有如此幼稚的举动。读韩非解读老子和《说林》诸篇，你能感受到，这是一个穿越刀光剑影与历史浓雾的智者形象。

太史公著书时，也许读过"四国为一章"这条记录，觉得此条太过虚假，就弃而不用。很显然，"四国为一章"和太史公笔下的韩非传记紧密相关，"四国为一章"为伪，也会伤害到韩非传记的部分真实性。这就类似于：你说了一个曲折的故事，其中一环为假，那我就有理由怀疑你所说的其他相关部分，不管你说得有多动人。

战国以来流传的，被收入《战国策》《国语》《战国纵横家书》中的许多记载，当故事看有趣，但是其史料价值的信用度较低。那么，太史公为什么爱采用这些故事呢？我们可以把话题放远一点，以太史公笔下的秦始皇生父为例。

《秦始皇本纪》说："秦始皇帝者，秦庄襄王子也。庄襄王为秦质子于赵，见吕不韦姬，悦而取之，生始皇。以秦昭王四十八年正月生于邯郸。"太史公说得很明确，秦始皇的生父就是秦庄襄王嬴子异。

可是到了《吕不韦列传》，太史公却说："吕不韦取邯郸诸姬绝好善舞者与居，知有身。子楚从不韦饮，见而说之，因起为寿，请之。吕不韦怒，念业已破家为子楚，欲以钓奇，乃遂献其姬。姬自匿有身，至大期时，生子政。子楚遂立姬为夫人。"

子楚是子异的字号。如此一来，事情就复杂了，吕不韦把已有身孕的赵姬让渡给子楚，言下之意，嬴政的生父就是吕不韦。

李开元评价太史公，良史也，但是耳朵长，爱听故事。这句话很中肯，不过在我看来，耳朵长爱听故事，也是太史公良史的一种表现。何以这么说？太史公运用史料，注重轻重缓急以及与传主的"黏合度"。太史公听说了赵姬已有身孕的故事（这个故事太好了），在写《秦始皇本纪》时，不入此条（其倾向也很明显），可是到了写"吕不韦传"时，这条就不得不入，这恰恰也是良史的责任，至于读者信哪条，留给读者去判断，良史"存而不论"。后世的史家也接过了太史公的衣钵，裴松之为《三国志》补注时，也采用了不少相互矛盾的材料。至于哪些为真，读者诸君自己定夺。

太史公处理韩非的故事与上例手法类似。太史公是读到了李斯和姚贾谋害韩非的故事，情不自禁写入《老子韩非列传》，这是一个太好的故事了，符合人们对韩非"苦情"诸公子的同情与想象。而"四国为一章"这条记录，太过虚假，就弃而不用。

我认可《秦始皇本纪》和《六国年表》的说法：韩非使秦时，秦韩还未交战。韩非在给秦王政的上书《存韩》篇中也说得很明显："窃闻贵臣之计，举兵将伐韩。"

韩非使秦，两国刚好交战的记录，只见于《韩世家》和《老子韩非列传》，我认为，这都是发端自《老子韩非列传》里这个曲折的故事。秦王政读韩非书而叹为真；但是接下来"攻城取韩非，李斯姚贾进谗言"的故事太过阴谋论，为假；韩非被毒死的结局又为真。这相当于一个拼凑了好几个假部件的古董，只有一部分材料是真的。

韩非应该是在秦军攻赵，桓齮定平阳、武城之时使秦。不过秦军之后的形势大变，桓齮继续进攻，被李牧大败于肥。读韩非使秦的故事，我内心也生出一个巨大的疑问：在如此不利的局面之下，韩非想说服秦国保存实力最弱的韩国，而继续进攻还有李牧在顽强支撑的赵国，他有什么筹码？只用一篇上书就足够吗？秦王政固然是读过他的书，对他有好感，但这不足以充当两国谈判之中的筹码。这好比两家公司谈判收购，谈判双方熟悉与否，好感与否，无关大局，主要还是看利益。

《韩非子集解》作者王先慎在《存韩》篇中补注："非《存韩》之说，不得已而为宗社计。"[1] 这是一处高明的见解。韩非请求秦国存韩，姿态其实非常低，只为了能保存宗社。这也是韩非在《存韩》里所说的："且夫韩人贡职，与郡县无异也……夫韩，小国也。"我们可以细细体会，韩非身为"韩之诸公子"说出这句话时内心的苦楚。

司马光，同样是良史。他看到了韩非使秦的筹码。《资治通鉴》秦王政十四年条目处曰："桓齮伐赵，取宜安、平阳、武城。韩王纳地效玺，请为藩城，使韩非来聘。"此条说得非常清楚，韩非使秦，是带着韩王的印玺，请求韩国降格为秦国的附庸。"聘"者，古者列国之于天子，比年一小聘，三年一大聘。韩王为何选择韩非使秦，很大一部分原因恰恰是其"韩之诸公子"的身份，适合携带印玺。

现在，我们可以将韩非使秦的经过整理如下：秦王政十四年，公元前233年，秦攻赵军于平阳，取宜安，破之，杀其将军。韩急，韩王纳地效玺，请为藩城，使韩非来聘。秦用李斯谋，留非，非死云阳。

我们只有在厘清上述事实的前提下，才能更好地走进韩非的内心，感受着他的悲怆和孤愤，与此同时，在此基础之上的

---

[1] 王先慎：《韩非子集解》，中华书局2011年版，第17页。

观察与感叹才会是有意义的。

上书

"夫韩，小国也。"这是韩非在一路颠簸中理所当然会想到，也是他在书中一再强调的。

韩国四周，强国围绕，西秦，南楚，北赵，东魏，韩国只能在夹缝中求生存。诸国谋求变法壮大，尤其是秦国通过商鞅变法"主以尊安，国以富强"[1]，给韩非留下了深刻印象。韩非处处以变法成功的秦国观照积重难返的韩国。他在《五蠹》篇里赞叹的"明主之国"："无书简之文，以法为教；无先王之语，以吏为师；无私剑之捍，以斩首为勇。""以斩首为勇"，正是秦律。

秦国，是韩国身边最值得学习的老师，也是最恐怖的敌人。早在韩襄王年间，秦国就开始蚕食韩国。公元前309年，秦将甘茂攻下韩国大县宜阳，斩首六万。公元前294年，秦分兵两路攻韩，向寿攻取武始，白起——啊，这真是一个让人毛骨悚然的将军——进攻新城，次年，白起攻韩魏联军于伊阙，斩首二十四万，取韩国安邑以东至乾河，韩、魏两国因此元气

---

[1] 王先慎：《韩非子集解·和氏》，中华书局2011年版，第97页。

大伤。宜阳——伊阙，顺着这条延长线，就是韩国的都城新郑，这像一把冰冷的尖刀肆无忌惮地插向韩国的心脏。韩非的出使之路，也正是在这刀锋上行走。从某种意义上说，韩国的灭亡是迟早的事，这在韩非出生之前，结局就已经注定。

三家分晋之后，韩国继承了晋法，但是在政治上出现一些混乱："晋之故法未息，而韩之新法又生；先君之令未收，而后君之令又下。"[1] 公元前355年，韩昭侯起用申不害为相，在此基础之上实行进一步改革，但是成效比较差，甚至可以说是失败的。申不害讲究统治之"术"，这点被韩非继承，但是在韩非看来，申不害对"法"的重视不够。"申不害不擅其法，不一其宪令，则奸多……则申不害虽十使昭侯用术，而奸臣犹有所谲其辞矣。"[2]

韩非比较了申不害的"术"和商鞅的"法"，认为他们主张的"法"和"术"都是不全面的。不过，韩昭侯用申不害"十七年而不至于霸王者"，而秦孝公用商鞅"国富而兵强"，却是韩非不得不承认的事实。韩非取长补短，对比了申不害的"术"和商鞅的"法"，再融合了慎到的"势"，三者兼用，思想变得更加严苛。

---

[1] 王先慎：《韩非子集解·定法》，中华书局2011年版，第397页。
[2] 同上，第397—398页。

据杨义考证，韩非应该是韩釐王之子、韩桓惠王之弟、韩王安之叔辈。[1]《韩非子》中收录的四篇上书文章，《饰邪》《有度》两篇当作于韩桓惠王朝，《爱臣》《忠孝》两篇当作于韩王安朝。[2]韩非先后向韩桓惠王和韩王安上书，但是都没有被采纳。

读《韩非子》，我能感受到那些愤怒的燃烧着的泣血文字，都是他熬夜对着炙热的烛火写出来的，感受到自己就是黑暗之中熊熊燃烧的火把，直到黎明的曙光照耀写作一宿疲惫的他。我想象着，愤怒的"韩之诸公子"，在挑灯著书之余，起身，拿起一把利剑，拭去剑身上的灰尘，然后奋力一斩，像在《饰邪》篇中描述的一样。

《饰邪》篇名中的"饰"通"饬"，整顿整治的意思；饰邪，即整饬邪恶。韩非深感政事邪气太重，要拭去邪气。可惜的是，韩非挥剑，只能是我的想象，从他对"带剑者"的厌恶来推测（他把带剑者列为"五蠹"之一），韩非应该是不懂武的，这也让他的人生少了几分快意与从容。

韩非在《饰邪》篇里的言说方式较为迂回委婉，带有早期上书的试探性，先从卜筮星象以决军事吉凶说起，都不是本国事

---

[1] 太史公只说韩非是"韩之诸公子也"，具体是哪位王的儿子，却没有细说。据《韩非子还原》作者杨义考证，韩非应该是釐王之子、桓惠王之弟、韩王安之叔辈。见杨义：《韩非子还原》，中华书局2011年版，第63页。
[2] 杨义：《韩非子还原》，中华书局2011年版，第44页。

例,可以看出韩非的小心,不过写到后面,韩非似乎压抑不住,不得不一吐为快,提示忽视法治("慢于法")导致地削兵弱,进而申明自己的见解:小国不能依仗大国,这反而会使韩国越来越衰亡,解决之道是,明主通过法制,使人臣去私心,行公义,这样小国也能富强。

《饰邪》篇写作时期的韩非认为赏罚适度,才能达到治理的最佳效果:"故用赏过者失民,用刑过者民不畏。"这和他后来痴迷于严刑重罚,有着明显的不同。韩非后期文章,爱用"诛"字。"事不当其言则诛……诚有过则虽近爱必诛。近爱必诛,则疏贱者不怠,而近爱不骄也。"[1]这几个"诛"字,离得如此之近,如此冷酷,让人心惊肉跳。韩非写下这些杀气腾腾的文字时,是超越了自己的臣子身份,是有道统在他身上贯穿,也有身为韩王安叔辈的骄傲使然。

韩非第二篇上书《有度》篇,"度"不是指"适度",而是指治理国家要有"法度"。他在文章开头就说:"国无常强,无常弱。奉法者强则国强,奉法者弱则国弱。"他已不再像之前的《饰邪》篇那样小心翼翼地表达自己的观点,而是开门见山,直奔目的。此时的韩非,上书的意愿强烈直白。

他说,楚庄王、齐桓公、燕襄王、魏安釐王强国之后,一

---

[1] 王先慎:《韩非子集解·主道》,中华书局2011年版,第30页。

旦他们"泯社稷",也就"亡"了。韩非并未见证四国真正的灭亡,他所说"亡",是指四国在四王身后"释国法而私其外"(在国法的规定之外营私舞弊),已成名存实亡的颓势,因而此文的危机意识更递进一步。[1] 韩非有着深沉的忧患意识,他的《亡征》篇,竟然一口气列了47个"可亡"的征兆,像一连串咬牙切齿的诅咒,读来让人透不过气。

在《有度》篇中,韩非开始阐述浓厚的君主集权意识。明主要"独制四海之内","使其群臣不游意于法之外,不为惠于法之内,动无非法"。这也正是他在《二柄》篇中提出的"素臣"概念。韩非在《二柄》篇里说"去好去恶,群臣见素。群臣见素,则大君不蔽矣"。韩非希望,在君主面前,大臣应该毫无保留,接近赤身裸体,让本来面目无处遁形。

对于民众的态度,韩非希望"民不越乡而交,无百里之戚"。在战国后期,随着国际之间的贸易发展,水陆交通频繁,彼此的联系已较密切,韩非的老师荀子就已经看到:"通流财物粟米,无有滞留,使相归移也,四海之内若一家。"[2] 而韩非认为这种现状恰恰是滋生混乱的土壤,对其深恶痛绝,他希望民众能像格子里的沙粒一样,各安其位,方便君主管理。

---

[1] 杨义:《韩非子还原》,中华书局2011年版,第45页。
[2] 梁启雄:《荀子简释》,中华书局2012年版,第107页。

把大臣和民众整理妥当之后，韩非在《有度》篇末设想了一张通过重刑构建的，可以覆盖除君主之外的其他人的大网："刑不断则邪不胜矣……退淫殆，止诈伪，莫如刑。刑重则不敢以贵易贱，法审则上尊而不侵；上尊而不侵则主强而守要，故先王贵而传之。"这读来同样让人毛骨悚然。

向韩桓惠王上书无果之后，韩非又在韩王安朝上书《爱臣》篇[1]和《忠孝》篇，《爱臣》篇颇为中庸，而到最后上书的《忠孝》篇，韩非姿态陡变，行文气势奇峭，峻急凌厉，一扫前期上书试探性字斟句酌的拘谨，明人张鼎文在《校刻韩非子序》中感叹："《忠孝》之意，诋訾孔子、尧、舜、汤、武于君臣父子兄弟之间，皆非所以教天下，狂者之言也。"

在《忠孝》篇里，韩非还斥"儒家"为"乱术"，贬"道家"为"惑术"，"纵横家"为"虚言"（指"空谈"）。

韩非对儒、道两家有着复杂的感情，他曾问学于儒家荀子，对孔子保持一贯的敬仰，他在《五蠹》篇中称"仲尼天下圣人也"，可是在纷乱的战国，儒家并没有为他开出治世的良药，韩非失望地看到"仁义辩智非所以持国也"，且"儒以文乱法"。

---

[1] 《爱臣》篇里韩非写道："兄弟不和，必危社稷。"而韩釐王是通过兄弟相争上位，所以，杨义认为，韩非这句当写于韩王安朝。

他曾经与道家色彩浓厚的堂谿公对谈，堂谿公告之以"修行退智"之道，其实也是告之以保身之道，韩非答之以不避艰险、推行法治的大无畏精神，甚至连生死都置之度外。从文中也可以读出，韩非对堂谿公是尊敬的。《韩非子》里还有两篇韩非早年读老子的心得——《解老》和《喻老》，写得从容、智慧、舒坦，读来十分过瘾。但是，韩非认为道家过于"恬淡"，终是"无用"，这和他积极入世、力挽狂澜的想法不合。

那些过去的痕迹，对儒家、道家的好感，在这一刻彻底褪去，如扔掉两件破旧的衣服。韩非成为一个彻彻底底、冷酷无情的法家。

这四篇后人读来动人心魄的文章都没能说动韩王，却在无意之中成为他争取议事话语权的失败经历，也是告别过去的见证。韩非深切地体会到"说难"。

秦王

接下来，韩非改"臣"为"吾"，把笔头朝向内心，决定只为自己而写作，为心中的明主写作。此乃孤愤。何为孤愤？司马贞曰："孤愤，愤孤直不容于时也。"实际上，这就是一种不合作，静静等待后来者的姿态。他在文章中密集出现的"明主"和"天下"，相信不再指小小的韩国。

韩非自比献璧的楚人和氏，和氏先后向三代君王献璧被砍脚最后才收获美名，他又何尝不是呢，甚至结局还不如和氏吧？他，身为一名有道者，怀中抱着"法"这块无与伦比的美玉，献于两位君王而不识，岂不悲哉？

《和氏》中隐隐透露出韩非一股傲气，在美玉面前，一代代君王也只是匆匆过客。如《水浒传》中阮氏三雄所说："这腔热血，只要卖与识货的。"这个识货的，也许可以超过国界，可以是别国的君主。毕竟在战国时代，这里的例子俯拾皆是。

出生小国的韩非，感受着战乱纷纷，和众人一样，期待着天下一统，他呼喊着"盖世"的"霸王"。"盖世"和"霸王"都是韩非爱用的词。那么，刚刚平定完嫪毐与太后叛乱，解决了仲父吕不韦，重拾权柄的二十几岁雄主秦王政，会是那个"霸王"吗？

韩非当年写下的文章，似乎是以单篇的形式流传。现在所见的《韩非子》，大概是刘向整理内府图书时编集而成。太史公曰，韩非作《孤愤》《五蠹》《内外储》《说林》《说难》十余万言，人或传其书至秦，秦王政见《孤愤》《五蠹》之书而叹。韩非写书原本就是以人主为阅读对象，韩国和秦国接壤，他的文章被秦王政读到也在情理之中。

在《孤愤》和《五蠹》之中，一定有什么炽热的东西一下子击中了秦王政当时焦虑的内心。韩非在《孤愤》开头，就对"重人"

（控制国家大权的人）和"当涂之人"（当道掌权者）的危害提出警告："重人也者，无令而擅为，亏法以利私，耗国以便家，力能得其君。"邪臣还能用四种辅助势力为自己粉饰，由此"重人不能忠主而进其仇，人主不能越四助而烛察其臣，故人主愈弊而大臣愈重"。只用读到此句，嬴政一定会大呼相见恨晚："嗟乎，寡人得见此人与之游，死不恨矣！"此处所说的"重人""当涂之人"不就是他的仲父吕不韦吗？

韩非在《孤愤》篇末写道："臣有大罪者，其行欺主也……大臣挟愚污之人，上与之欺主，下与之收利侵渔，朋党比周，相与一口，惑主败法，以乱士民，使国家危削，主上劳辱，此大罪也。臣有大罪而主弗禁，此大失也。使其主有大失于上，臣有大罪于下，索国之不亡者，不可得也。"

嬴政14岁即位，"委国事大臣"，在王弟成蟜之乱、嫪毐帝后之乱，赐死吕不韦，乾纲独断之后，读到韩非的文章，怎能不有所触动？韩非清除"五蠹"的主张，也契合嬴政内心"独擅""一统"的欲望。

嬴政和韩非也存在相似之处，两人都是出身王族，体会着权力的起落，性格务实而冷酷。韩非在《备内》篇中甚至暗示，为了治理好国家，至亲亦可杀。如果秦王政读到这篇文章，想来也是深以为然。

同门

一路上，韩非应该会想起在秦国任职的同学李斯，各为其主的同学见面，这又会是怎样的一种局面？他也会想起他们共同的老师荀子。

据学者杨义考证：荀子由赵经韩，准备到楚都陈郢应春申君招引时，韩非已在荀子门下，时在公元前253年；李斯在六年后，即秦庄襄王卒年（公元前247年），辞别荀子离楚入秦。即是说，韩非与李斯师事荀子，共计六年，公元前253年至公元前247年。他们聚首的地方是在楚国的新都陈郢，此地离韩非所在的韩都新郑、李斯的家乡上蔡，都在两三日的路程。[1]

战国末期，出入于稷下的荀子已不是邹鲁士绅的纯儒，而是受过稷下黄老学派浸染而带有某些法家要素的变儒，韩非与李斯从荀子学，主要不是学仁政和王道，而是学带点黄老色彩的"帝王之术"。《史记·李斯列传》里说，李斯"乃从荀卿学帝王之术"；韩非子把"霸王之名"一直挂在嘴边，这些都是通向包罗万象的荀子。荀子认为，用王道可以取天下，用霸道只能使一国强盛；拿王道和霸道相比，霸道是次要的；拿仁义和武

---

[1] 杨义：《韩非子还原》，中华书局2011年版，第39页。

力相比，武力是次要的；要成就统一，只能以仁义为主，以武力为辅。

荀子两位高徒韩非和李斯，各取所需，取了"霸道""帝王之术"，也都抛弃荀子的底色"仁"。韩非继承了荀子的"性恶论"与"重估一切价值"的傲骨。在荀子和韩非的年代，道术已有重归一统的趋势。

韩非与李斯，前者精于理论，是贵公子；后者精于操作，是基层官吏出身。从某种意义上来说，他们既继承又背叛了自己的老师。站在韩非和李斯的角度来看，如此纷纷乱世，天下渴望一统，老师还把无用的仁义看得如此重要，这也太过迂腐。

师徒三人之间的关系是：李斯"自以为不如非"；而李斯与荀子走得更近，韩非与荀子较为隔膜。

韩非在自己的书中，只有一处提及自己的老师，那就是《难三》篇中的："燕子哙贤子之而非孙卿，故身死为僇。"意思是说，燕王哙以子之（燕王哙的相）为贤能而否定孙卿，所以自己被杀而遭到羞辱。为《韩非子》写注的清朝王先慎很认真在此条处写下："其事未详。"据杨义考证，韩非这条材料其实很不靠谱：燕王哙五年（公元前316年）让国于子之；公元前238年，春申君死而荀卿废，因家兰陵，两者之间，相隔太过久远。[1]也

---

[1] 杨义：《韩非子还原》，中华书局2011年版，第43页。

就是说，《韩非子》中提到的唯一一条关于老师的消息，也是错的，从这里似乎可以看出两人之间的隔膜。

《荀子》全书中没有出现韩非这位"韩之诸公子"的名字，却收录了荀子和李斯的一大段问答。在《荀子·议兵》篇中，李斯问荀子曰："秦四世有胜，兵强海内，威行诸侯，非以仁义为之也，以便从事而已！"迎接李斯的，是一大段关于"仁义之师"的语气强硬的训斥："非女（汝）所知也！"纵使如此，从语气之中，也可以看出荀子和李斯的亲密；我们很难想象荀子会如此肆无忌惮地训斥自己的另一位学生——"韩之诸公子"韩非。

杨义认为，师徒三人聚首时，李斯年仅二十多岁，正是从师问学的年龄，较常在荀子身边。韩非年逾四十，又是韩王之弟，必须常住韩都，经营当官的机会，不然就可能长久被边缘化。他们师生相处的时间并不长，韩非未必常在老师身边，而且韩非师事荀子时，已经是相当成熟的法术家或思想家，因此荀子对他的影响不是体系性的，而是智慧性的。[1]

在我看来，韩非自身所看重的"韩之诸公子"贵族身份，也妨碍了与同是平民出身的荀子和李斯的融洽交流。

在韩非的思想体系里，人主、大臣和民，是三个泾渭分明

---

[1] 杨义：《韩非子还原》，中华书局2011年版，第39—40页。

的阶层：人主"独擅"；大臣"见素觫惧"；而民"不越乡而交"，是要被严格管理的，是潜在的不安定因素。人主对百姓无须哀怜，"不忍诛罚，则暴乱不止"，"严刑重罚以禁之"。韩非虽然说过，"适当世明主之意，则有直任布衣之士，立为卿相之处"（顺应当代英明君主的心意，就会有可能直接任用平民百姓，将之提拔到卿相的位置），[1] 但是，在韩非的意识里，这只能是特例，他骨子里不满阶层流动。他高高在上，冷冷地看着平民百姓，不安地看着游士兴起。

写作是一种心理暗示。在《难言》篇里，韩非一口气列举了比干、吴起等十位向君主进言不被采用而反遭杀戮的"世之仁贤忠良有道术之士"，很明显，韩非也把自己列入如此光荣的队伍之中，他所提到的这些人杰，大多不是平民出身。

韩非和李斯都是实用主义者，不过侧重点不同。韩非所轻视的纵横术，正是李斯最擅长的。纵横术能让苏秦以布衣之身佩六国相印，从而彻底改变其阶层，这是李斯羡慕的，也是韩非最厌恶的。韩非带着贵族习气，有所为有所不为，而李斯没什么底线，脏活做起来得心应手。

同门知根知底，相杀起来也特别激烈。当韩非带着韩王印玺，以很低的姿态使秦时，李斯如临大敌。

---

[1] 王先慎：《韩非子集解·奸劫弑臣》，中华书局2011年版，第105页。

秦庄襄王三年(公元前247年)，李斯辞别老师荀子，准备入秦。告别的话说得坦率，场面可称豪壮。李斯说，度楚王不足事，秦王欲吞天下，称帝而治，这是布衣取富贵的大好机会。不要忘了，李斯正是楚人。

李斯在秦国经营的第十年，韩国人郑国来间秦，秦国下逐客令(其深层次的原因是为了清理吕不韦的势力)，李斯也在被逐名单之上，眼看着十年的苦心经营付诸流水，李斯上书，秦王政除《逐客令》，复李斯官。李斯趁机说秦王政，先取韩国以恐他国。李斯口中的"取"，是"灭"的意思。秦国东面三国，分别是赵国、韩国、楚国。赵国实力不容小觑；楚国是李斯的故国，楚系在秦廷实力雄厚；韩国最弱。灭韩是最稳妥的一步。也许，李斯对韩国、说客郑国、韩非的恨意是扭结在一起的。

韩非上书秦王政只为能保存宗社，李斯答曰，秦国边上有韩国，相当于人的心腹有大病灶，不得不除，韩非能言善辩且擅长以文辞掩饰欺诈的计谋，为了韩国的利益而来窥视秦王，韩国可深割也。李斯是狠狠抓住了韩非的七寸。读李斯上秦王书，我能感受到韩非的苦楚。

据说荀子命长，不过应该活不到韩非使秦这一年。如果他看到同门相杀这一幕，内心不知有何感想？

口吃

我常常想象着如此的画面：在经过长久的奔波之后，疲惫的韩非走下马车，双脚踏在秦国土地，黄沙漫天，大风从他两袖间呼呼穿过。身为一名同病相怜的口吃者，也身为一名知道历史底牌的穿越者，我和韩非打了一个照面。

我看到，他的下巴是尖的，面容有不甘，有冷峻，两道深深的法令纹如刀痕一般刻在脸上；他的眼睛射出骄傲的光，那是贵族的眼睛；他的嘴唇却是紧闭的。

韩非心中有太多的话想说，可是从某种意义上说，由于口吃，他又只能缄默。他虽然扩大了言说的内涵，把书写也纳入其中。好的书写固然可以穿越时空，可是对实用至上的韩非来说，书写有一个致命的缺陷，那就是沟通效果的滞后。这也会造成他内心的痛苦和苦闷，对口吃者来说，这会导致对自身的愤怒。

可以想象，我们和苏格拉底一起散步聊天是开心的，如沐春风；而面对韩非，只能沉默枯坐，坐以待旦。对于他汪洋恣肆、万千纵横的内心来说，手谈是费劲的，也是不痛快的。假使韩非真的有机会和李斯在秦廷辩论，面对同学的滔滔雄辩，或许他只能束手无策，成为砧板上的鱼肉。

《韩非子》首篇《初见秦》，提到许多条不符合韩非身处时代的史实，学界普遍认为这篇作者不是韩非。我只想补充一点证据（这一点，也许只有口吃的读者才会发现），在《初见秦》中，作者说："臣昧死愿望见大王，言所以破天下之从……"韩非如果面见秦王，也是无法言说的。太史公在《老子韩非列传》里说："韩非欲自陈，不得见。"这里的"自陈"，可以理解为是通过文本陈述意见。也许，收《初见秦》入《韩非子》的人，忘记了韩非口吃的苦楚。

太史公是悲悯的，除非是行文需要，否则是不会特意提及笔下人物的生理缺陷。《管晏列传》里提到晏子身长不足六尺，也是通过别人的嘴偶尔提及。事情的缘由是晏子的御者趾高气扬，御者的妻子看不下去，才对自己的丈夫说，晏子身长不足六尺，身相齐国，名显诸侯，为人却谦逊；你身长八尺，不过为人御者，还自以为了不起。

太史公在《老子韩非列传》中特意提及韩非口吃（可见韩非的口吃是严重的），一是为了说明和著书之间存在心理补偿的关系，"非为人口吃，不能道说，而善著书"；二是面对无常的命运，韩非的口吃，有其独特的隐喻与荒诞感。

在《老子韩非列传》里，太史公全文引用了韩非的《说难》。韩非在《说难》开头部分说：大凡进说的困难，不是难在我的才智有可以说服君王的能力，不是难在我的口才足以阐明我的心意，也不是难在我敢于纵横捭阖地说出我全部的意见，难的是，君心难测。实际上，韩非所说的这三种"不难"，也是他不得不面对的"难"，他是直接跳过了——或者说"超越"了——自己的缺陷，去谈更高层面的"难"。这就好比我们要去一座古堡参观，前提条件是要游过宽广的护城河，而韩非其实没有游泳的能力，只能站在古堡外面感叹内部的险峻风光。

口吃的发生，大多是模仿或压力造成，其背后的机制颇为神秘难解。韩非为何口吃？历史没有记载，不过考察其弱国诸公子的身份，与"峻急刻薄、转折峭拔"的文风，我猜测可能是压力造成的。我们当然不能说文风"峻急刻薄、转折峭拔"的作者都是口吃的。但是，我似乎可以说，口吃的作者下笔时，往往会加重其文风的"峻急刻薄、转折峭拔"，甚至是近乎诅咒的味道。这在韩非身上非常明显。

我关心，韩非内心的痛苦。而太史公看到的，是更大的命运主题。韩非的故事深深地触动了太史公，他全文引用韩非的《说难》，还情不自禁说了两次"不能自脱"。太史公感慨的是，韩非写了《说难》，有自知之明。这样一个智者，同样不能摆脱命运的吞噬。而太史公又何尝不是呢？韩非在《说难》文末形容的触逆鳞，不也正是太史公的心病吗？另外，李斯最后也何尝能"自脱"？

在韩非身上，还有好几种荒诞。例如，出于实用考虑，他是反文学的，吊诡的是，他写下的文字又具有很高的文学性，甚至可以媲美屈子。还有一种荒诞，吞噬他的，恰恰是他自己极力歌颂的严苛的法家系统。韩非其实在《说难》篇中无意之中写到了他自己在秦国的命运："阴用其言显弃其身。"

读到此句，夫复何言？我只能长叹道："韩非啊韩非。"

鸩毒

关于韩非之死，太史公在《史记》里提到四处。这四处分别是——《秦始皇本纪第六》："十四年……韩非使秦，秦用李斯谋，留非，非死云阳;"《韩世家第十五》："王安五年，秦攻韩，韩急，使韩非使秦，秦留非，因杀之;"第三处是《老子韩非列传》；第四处是《六国年表》。

这是怎样的印象呢？把最常见的版本，中华书局十册本《史记》摞在一起，"韩非之死"从第一册贯穿到第七册，贯穿了整个纷纭战国，也贯穿了太史公笔下的整个世界，多少朝代兴亡，多少俊杰梦碎，多少人头落地。

韩王安五年，是公元前234年，秦始皇十四年是公元前233年。也就是说，太史公在关于韩非之死的这四条记载之中，留下了一年时间的跨度，如果不是太史公笔误，那么最合理的解释是，韩非在公元前234年出使韩国，感受着故乡的土地被一口一口地蚕食，咀嚼着言说无门的凄苦，在监狱里"跨个年"，再被李斯毒死。

李斯毒死韩非，有其个人的原因，但更多是出于秦国利益考量，韩非是韩国最后一块骨头。秦国扣留韩非之后，李斯使韩，没见到韩王安，按道理，大国来使，韩王安没有不见的道理，最合理的解释是，韩非不在身边，韩王安已经章法大乱，进退失据。韩非被毒死之后，韩王安请为臣，可以看出韩王安的溃败。

据说秦王政后来后悔，使人赦之，发现韩非已经死了。所谓的后悔，也是一句客套。韩非的价值是提供理论，韩非已经留下了他的书，对秦王政来说，这就足矣。大方向，他自己会把握，而具体操作层面，李斯显然做得更加得心应手。

韩非应该是饮鸩毒身亡，因为比他稍早离世的吕不韦也是饮鸩毒身亡。据说鸩毒毒性非常强烈。李斯同学送来鸩毒，这鸩毒从口吃者韩非的喉咙里穿过，先秦诸子中的最后一位以这样的方式死在秦国的监狱，也很有象征意义。

三

扬雄：隐微写作者

一

有一个很有意思的现象，汉晋时期，写赋三大高手司马相如、扬雄、左思都是口吃。其必然乎？其偶然乎？其中是否藏着某种可循的规律？

读历史，我们有时会忽略一点：过去的人，无不都在各自的"语境""上下文"之中。"这照时代说可以作为封闭的，因为他们不知道自己时代以后的事，但他们知道自己以前特别是较近的事，"金克木举了一个有趣的例子，"好比诸葛亮和司马懿同样拥兵在外，彼此心照不宣，都是心中有个曹操的影子。曹操心里有王莽和董卓。"[1]

同样，我们也可以说，司马相如发展了赋这种当时流行

---

[1] 金克木：《谈读书心理学》，见《金克木集》第四卷《旧学新知集》，三联书店2011年版，第134—135页。

的文体之后，理所当然也会激励着、同时也"影响着"同病相怜的后来者——口吃的扬雄与左思。扬雄心中理所当然有司马相如的影子，正如左思心中理所当然也有司马相如、扬雄两个人的影子。于是乎，"司马相如—扬雄—左思"，这个有趣的口吃赋家"谱系"，就在历史的"场"中如此这般生成了。

作为诗歌的变体，赋契合了汉代蓬勃向上的精神。当时上到天子，下到平民，都有读赋的习惯。汉武帝读司马相如《子虚赋》而善之，以为是古人，感慨"独不得与此人同时哉"。汉元帝宫女能欣赏王褒《洞箫赋》。左思《三都赋》成，"豪贵之家竞相传写，洛阳为之纸贵"。

赋，虽不能唱，但是可以带着特定的音律节奏朗诵。可是，我们不要忘了，司马相如、扬雄、左思，虽能写出文采飞扬、华丽铺张的大赋，却由于口吃，自己都不能朗读。这是他们三人不得不面对的最大的荒诞与嘲讽。

另一方面，由于性格、机遇、出身，以及身处"谱系"位置的不同，这三位口吃的赋家，面对相同境况，却会做出各自不同的选择。

历史"场"里的扬雄该何去何从？

二

扬雄一生的写作，有着清晰的阶段性。他44岁以前以辞赋见长；他在44岁到58岁之间代表作是《太玄》；《法言》写作的时间，可能开始于58岁之后，完成于63岁投阁之前；投阁之后，校书避祸，消磨时光。

扬雄认为经莫大于《易》，故作《太玄》；传莫大于《论语》，作《法言》；史篇莫善于《仓颉》，作《训纂》；箴莫善于《虞箴》，作《州箴》；赋莫深于《离骚》，反而广之；辞莫丽于相如，作四赋。

扬雄当然是一位模仿的大师。但是，模仿作为一种创作手法，其成果也是不容轻易抹杀。我们不能因为太崇拜原创，而完全不把模仿放在眼里。后来的很多学者，正是以这样态度解读扬雄仿《易》而作的《太玄》，这对扬雄来说是不公平的。

不过，据此我们也很容易从扬雄身上嗅出浓浓的"影响的焦虑"。早期的扬雄，一直身处屈原、司马相如两位巨人的阴影之中。年少时的扬雄写下《反离骚》，站在智者的角度指责屈原没能洞悉形势，判断凶吉，其遭受挫折是必然之事，最后选择自杀殉国这条绝路，也与先贤的做法背道而驰。

逃脱漩涡，又谈何容易。晚年的扬雄对屈原的看法发生了转变，他在《法言·吾子》之中又谈到屈原。

　　或问："屈原智乎？"曰："如玉如莹，爰变丹青。如其智！如其智！"[1]

这当然是后话了。

而司马相如投射过来的阴影似乎更为明显。司马相如和扬雄都是蜀人，司马相如自从被汉武帝赏识之后，人生开始荣耀，这无时无刻不暗示着同样怀抱雄心的扬雄。写赋阶段的扬雄，正是在走司马相如走过的老路。

汉成帝元延元年（公元前12年），42岁的扬雄出蜀游京师，汉成帝出幸，扬雄皆从游，在一两年内，上《甘泉赋》《河东赋》《羽猎赋》《长杨赋》四大赋。

扬雄写赋，写得并不轻松。他曾对好友桓谭说，奉诏作《甘泉赋》，刚一写好，就觉得非常疲惫，马上躺倒睡着了，梦见五脏六腑都被吐在了地上，他只能用手一一将它们收回肚子里，梦觉，大伤元气，病一年。[2]

扬雄觉得赋难写，很大一部分原因是写得太好的司马相如

---

[1] 汪荣宝：《法言义疏》，中华书局1996年版，第57页。
[2] 桓谭：《新辑本桓谭新论》，中华书局2011年版，第52页。

如鬼魅般横亘在前——麻烦的是，司马相如的《子虚赋》《上林赋》与他的《羽猎赋》《长杨赋》题材还类似——扬雄要与之持续殊死搏斗，方能有容身之所。读司马相如、扬雄两家赋，司马相如文采瑰丽，规模宏大，想象汪洋恣肆，排列的名物数也超过扬雄，而扬雄文字坚实，结构严谨。相对于司马相如的浪漫，扬雄偏向于沉寂。正如《文心雕龙·体性》篇云："长卿傲诞，故理侈而辞溢。子云沈寂，故志隐而味深。"[1]

套用哈罗德·布鲁姆著名的"影响的焦虑"诗论观点——当两位真正的诗人相遇时，后一位诗人总是对前一位诗人进行误读，这种误读是一种创造性的校正，实际上必然也是一种误译，此时侧重点的"偏移"就成为一种有效的修正方法。模仿也是一种"偏移"。所以，我倾向于认为，文采如司马相如般瑰丽，扬雄非不能也，实不为也。

三

扬雄更在意的是，赋最初的也是最重要的功能——"风"（讽刺）。与此相比，文采就退居其次。所以，纵使这四篇大赋是皇帝交代的命题作文，细细读之，还是能发现暗藏的冷嘲

---

[1] 刘勰：《文心雕龙义证》，上海古籍出版社2018年版，第1024页。

热讽。

扬雄在《羽猎赋》中写道：

> 群公常伯杨朱墨翟之徒，喟然称曰："崇哉乎德，虽有唐、虞、大夏、成周之隆，何以侈兹！太古之䚣东岳，禅梁基，舍此世也，其谁与哉？"上犹谦让而未俞也，方将上猎三灵之流，下决醴泉之滋。[1]

美国汉学家康达维认为，赋中皇帝的行为并非理想的圣贤明君所应有，故将汉成帝与古代的圣王进行夸张的类比明显是有意讽刺。康达维还注意到，墨翟与杨朱并列而赞，也具有暗讽意义。因为众所周知，墨翟和杨朱的观点是极其相对的。[2]

这可能是作者故意用错的一个典。在我看来，扬雄也指向西方学者所说的"隐微写作"。所谓的隐微写作，其中的一种操作是，通过一些间接或隐秘的交流方式向一群被选中之人传达某种真理。

但是到后来，扬雄还是放弃了赋的写作。按照他在《自述》里的说法，为了"风"的功能而铺设的华丽之辞，早已经彻底

---

[1] 扬雄：《扬雄集校注》，上海古籍出版社 2011 年版，第 109—111 页。
[2] 康达维：《康达维自选集：汉代宫廷文学与文化之探微》，苏瑞隆译，上海译文出版社 2013 年版，第 95 页。

掩盖了赋的功能。汉武帝好神仙，司马相如上《大人赋》，欲以"风"，汉武帝反而对辞藻很是喜欢，"飘飘有凌云之气"，由此观之，赋"风"的功能，是很微小的。

享受被天子眷顾的（这无疑是一个巨大的诱惑）司马相如不会如此思考，直到死前，他还在为汉武帝奋笔疾书《封禅书》。可是，扬雄慢慢感受到"俳优之徒"的屈辱感。这种屈辱感实际上是那一个时代有内省精神的文士的共同感受，太史公云，文史写作："固主上所戏弄、倡优畜之、流俗之所轻也。"[1] 太史公和扬雄都是"意有所郁结"，都有为后来者写作的期望。

性格沉寂的扬雄一旦意识到这种屈辱感——此时口吃更是成为一种致命的药引——其内心就会发生深刻的变化。他分明已经听到历史对司马相如发出暗暗的嘲笑声，"于是辍不复为"。

扬雄晚年写的《法言·吾子》之中有一段论赋：

或曰："吾子少而好赋？"曰："然。童子雕虫篆刻。"俄而，曰："壮夫不为也。"或问："赋可以讽乎？"曰："讽乎！讽则已，不已，吾恐不免于劝也。"[2]

---

[1] 司马迁：《报任安书》。
[2] 汪荣宝：《法言义疏》，中华书局1996年版，第45页。

其中凄苦，很难与外人道也。

平心而论，赋并非如扬雄所说的这么一无是处。赋中大量铺陈的细节，跨越真实与虚构界限的华丽意象，或汇聚成一首首雄壮的交响乐，或汇聚成一首首迷幻的摇滚乐，有"折魂夺魄"之美。后来，同样身处"影响的焦虑"之中的左思批评司马相如、扬雄作品中所描写的诸多动植物缺乏真实性，而忽视语言的烂漫与想象，这论断也是不够公允的，又或者是左思故意的"偏移"与"误读"。

总之，赋之于"风"微乎其微的功能，已不能让扬雄满足；其"俳优之徒"的屈辱感更是让他难以忍受。扬雄最终放弃了赋的写作，转向更为隐微、更为晦涩的写作，在滚滚的时代大潮之中，找到适合自己安身立命的方法。

四

汉元帝建昭二年，精通《易》的京房卷入政治斗争，被杀弃市，年41岁。京房，本姓李，字君明（多好的字），精通音律，推律自定为京氏。京房是易学高手（后世一般以"京房易"连称），长于灾异之说，按其《京氏易传》，能算五世、六世，甚至"游魂""归魂"之境，却没能算到自己的结局。

这一年，扬雄17岁，虽然还未出蜀，但是相信此事对同样精通《易》的扬雄的内心，一定会有所触动。尤其是当他决定不再写赋，不再以政治为志业而以学术为志业时，回味起京房之死，他更加警惕权力、富贵的无常。扬雄洞悉时代精神，选择远远地避开，不让自己卷入漩涡。

在《解嘲》一文中，扬雄写道：

> 当涂者入青云，失路者委沟渠。旦握权则为卿相，夕失势则为匹夫。譬若江湖之雀，勃解之鸟，乘雁集不为之多，双凫飞不为之少。[1]

"乘雁集不为之多，双凫飞不为之少"，意思是说，天下追逐名利的人很多，多一个他不多，少一个他不少。他自己就不追逐了吧。

名利之外，有更为广大的追求。有抱负的写作者都认为自己的作品能"藏之名山、传之其人、通邑大都"，而扬雄选择更为隐秘、晦涩的方式，"默然独守《太玄》"。

易学家潘雨廷认为，扬雄于《易经》专心深思，绝非简单模仿，《太玄》法上古易，数由阴阳二分而化为天地人三分（其实是把二进制改为三进制，也是有所本），"扬雄有取于孟（喜）京

---

[1] 扬雄：《扬雄集校注》，上海古籍出版社2011年版，第182页。

(房)律历之理，实为当时易学最重要、最基本的应用处"[1]。所以，司马光视《太玄》为读《易》之阶，不是没有道理。

《太玄》经天纬地，扬雄自己可能都没有意识到，他实际上已经很深地进入符号学领域。他对符号的推演，发生了连锁的反应。从符号学的角度来说，"我们之所以生产符号是因为有某物需要被言说"，当一个动态客体促使人们去生产一个符号形体，接着又可转译成有潜在无限性的符号解释，这样，"我们从中生成某物"[2]。

从某种意义上说，扬雄心中已经生成另一番包罗万象的天地万物，他再被自己创造的天地万物所照亮。这才是扬雄离开赋写作之后，一以贯之的雄心。

这种全新的符号系统势必会冲撞原有的系统。以《易》为例，《易》关系到古人在天文历法的方方面面，兹事体大。其他人对扬雄的反应，就可想而知了。《汉书·扬雄传》记载："诸儒或讥以为雄非圣人而作经，犹春秋吴楚之君僭号称王，盖诛绝之罪也。"

《唐书·历志》云："至汉造历，始以八十一分为统母(指太初历)，其数起于黄钟之龠，盖其法一本于律矣。其后刘歆又以

---

[1] 潘雨廷：《周易表解》，上海古籍出版社2019年版，第2页。
[2] 翁贝托·埃科：《康德与鸭嘴兽》，刘华文译，上海译文出版社2019年版，第14页。

《春秋易象》推合其数。"刘向与刘歆都是治易高手，实际上，扬雄的异端锄头已经锄进刘家的田里了。

在《太玄》隐晦的符号系统之中，也隐藏着扬雄对时局的批评。只是扬雄设置了云山雾罩的解读障碍，把自己退到安全的位置。实际上，扬雄身为"隐微写作者"，一直暗藏着批评，只是其批评的意见从赋到《太玄》《法言》，越藏越深。如《法言·五百》中的一条："彤弓卢矢，不为有矣。"显然是用来讽刺王莽。弓矢，九锡之中的一种礼器，王莽先加九锡，后篡汉。扬雄认为，世无忠义之士，彤弓卢矢将安用之？

以《太玄》八十一首（"首"类似《易》中的"卦"）中的"闲"为例，"闲"是准《易》"屯"卦："闲，阳气闭于阴。初一，蛇伏于泥，无雌有雄，终莫受施。测曰：蛇伏于泥，君不君也。"徐复观认为，阳气闭于阴，言皇权被夺于外戚，"蛇伏于泥，君不君"，扬雄正是影射王莽篡位。[1]《太玄》之中还隐藏许多类似的暗讽，好学深思之人可据此按图索骥，寻找"彩蛋"，此处不赘述。

行文至此，我们就要碰到那根难啃的骨头。众所周知，扬雄曾写下《剧秦美新》献给王莽。后世喜爱扬雄的人，为其辩护，或认为这篇是伪作，或尝试在其中读出其中的微言大义。我所说的扬雄是"隐微写作者"，要把这篇作品剔除在外。

---

[1] 徐复观：《两汉思想史》，九州出版社2018年版，第501页。

金克木提醒我们："文人都知道并且能互相分别'酬世'的'时文'和'传世'的著作，并且能不言而喻诗为谁而作，表层、深层，彼此心照不宣。"《剧秦美新》是最极端的"酬世"作品例子，我同意徐复观的观点，《剧秦美新》应当作于扬雄投阁之后，意在免死而已。设身处地考虑，扬雄的处境是很难的，我们要理解扬雄的恐惧。

后来的宋儒大多看不起扬雄。朱熹说："扬雄最无用，真是腐儒。他到急处，只是投黄老。"这是朱熹的门户之见。而二程的看法最为刻薄，二程甚至不相信扬雄投阁：

> 世之议子云者，多疑其投阁之事。以《法言》观之，盖未必有。又天禄阁世传以为高百尺，宜不可投。然子云之罪，特不在此。黾勉于莽、贤之间，畏死而不敢去，是安得为大丈夫哉？[1]

世之议云者，其实就是二程自己，所谓的"天禄阁世传以为高百尺"，也是虚妄说之。二程的潜台词很明白：扬雄应该自杀以谢天下苍生，或许还稍稍有点大丈夫气概。

我想说的是，站在危险的距离之外读历史，指责处于特殊

---

[1] 程颢、程颐：《二程集》，中华书局2016年版，第73页。

时代的思想家，都是非常傲慢，缺乏悲悯情怀的。

五

新莽始建国二年（公元10年），甄丰子甄寻，刘歆子刘棻、刘泳，王邑弟王奇，以及刘歆门人丁隆等人卷入符命案，死者数百。

王莽规定，因犯人的交代而受牵连的人，可不作指示，直接逮捕系狱。刘棻的供词牵连到扬雄，兵吏就直接入天禄阁抓捕正在校书的扬雄。气势汹汹的兵吏闯进安静的学问场所，惊吓了特意与政治保持距离、皓首穷经的扬雄。扬雄害怕得从楼上跳下，差点毙命。这就是著名的扬雄投阁事件。

王莽得知后，说："雄素不与事，何故在此？"王莽喜爱符命，贩夫走卒献上符命皆可取得高官厚禄，对精通《易》、奇字，并编撰过《方言》的扬雄来说，献上高质量的符命可谓易如反掌，但是扬雄不为也，他在秩比四百石的低级官职黄门侍郎一职上一待就是二十年。

王莽密问其故，得知，刘棻只是跟扬雄学过奇字，而扬雄对刘棻的政治活动确实不知情。王莽便下诏，不再过问。扬雄以病免，复召为大夫。

扬雄复召为大夫之后，继续贫困着，继续嗜酒。人稀至其门，时有好事者载酒肴从游学，受其《太玄》《法言》。当朝国师，炙手可热的刘歆也曾去看过扬雄。

当朝国师、嘉新公刘歆对太中大夫扬雄说："空自苦！今学者有禄利，然尚不能明《易》，又如《玄》何？吾恐后人用覆酱瓿也。"

刘歆的意思是说，扬雄你是白白受苦，现在的学者连《易》都还没搞明白，又何况你的《太玄》呢？我恐怕后人会拿它盖酱瓮。

扬雄如何作答？《汉书》曰："雄笑而不应。"扬雄的"笑而不应"，除了明显的"不敢苟同""志不在此"的表述，还有另一层意思，因为他口吃，既然不能雄辩，那就索性闭嘴吧。

这是当时两个最有学问的学者之间的一场对话，也是两个饱经沧桑老人之间的一场对话。扬雄生于公元前53年，刘歆生年不可考，两人年龄"盖相若，子云犹或稍长"[1]。算一算扬雄投阁那一年，两人都已经是风烛残年的老人了。

这也是两个都失去儿子的老人之间的对话。刘歆刚失去了刘棻、刘泳，而扬雄的两个儿子很早之前就已经死去了。

汉成帝元延元年（公元前12年），42岁的扬雄出蜀游京师，汉哀帝元寿元年（公元前2年），丁氏、傅氏、董贤用事，52岁

---

[1] 钱穆：《两汉经学今古文平议》，九州出版社2011年版，第33页。

的扬雄方草创《太玄》。可是就在扬雄为黄门侍郎，贫居长安期间，失去了两个儿子。扬雄第二子扬乌可谓神童，9岁时就帮助扬雄创作以艰深著称的《太玄》。扬雄哀痛，皆持归葬于蜀，家境更为困乏。

扬雄的好友桓谭认为他太过伤痛了："子云达圣道，明于生死，宜不下季札，然而慕恋死子，不能以义割恩，自令多费。"[1]桓谭劝扬雄要看透生死，要像挂剑的季札一样，把剑和悲痛挂在死者墓前，为了心中的"大道"，继续前行，以义割恩。理是这个理，但是，也太过残酷。

扬雄和刘歆，都是悲伤的老人。

六

如果说扬雄和刘歆是莫逆于心，这场谈话可称美谈，颇有高士之风。可是种种迹象表明，两人志向不同，相处并不愉快，那么这场对话就要另当别论了。

扬雄、刘歆和王莽，三个人关系颇为复杂微妙。三个人在不同时期都做过郎官。汉代的黄门侍郎，只是一个秩比四百石的低级官职，且流品很杂。通俗一点讲，黄门侍郎相当于官吏

---

[1] 桓谭：《新辑本桓谭新论》，第44页。

候补班，类似现在的人通过了公务员考试取得初步资格，凡是在政治上有点上进心的人，总还得继续前行，在黄门侍郎这个跳板之上再跳一跳，才是正道。

汉成帝阳朔三年（公元前22年），大将军王凤病死，死前以王莽托太后及帝，王莽拜为黄门侍郎，迁射声校尉。也正是在这一年，同为黄门侍郎的王莽和刘歆的人生轨迹正式相交，王莽对刘歆很看重。等到汉成帝崩，汉哀帝即位，王莽马上举荐刘歆为侍中，迁光禄大夫，复领《五经》。刘歆风光无限。

而扬雄呢，从汉成帝元延三年（公元前10年）至新莽初始元年（公元8年），经历了成、哀、平、新莽四个时期，当了近二十年郎官。在旁人看来，这是颇值得嘲笑的。扬雄在他的《自述》中提到"待诏承明之庭"外，却无一字提到自己的官职，班固只好在传赞中补出。

班彪和班固都是极其推崇扬雄，班彪和扬雄同朝，班家藏书又颇丰，据班固在《汉书·叙传》所说："好古之士自远方至，父党扬子云以下莫不造门。"可见，班固对扬雄资料的增补，是很可靠的。《汉书·扬雄传》全文收录扬雄《自述》并增补了其他资料而成，如诸儒对扬雄的批评。例如扬雄与刘歆的这次交谈，扬雄《自述》只字不提，也是被班固补进《汉书》里。我们似乎也可以猜测，扬雄对这次谈话不悦的态度。

徐复观认为："大概子云对他三世不迁的以执戟为务之郎，

有深刻的屈辱感。"考虑到扬雄口吃的缺陷——口吃很容易会带来内心的自卑与敏感——徐复观的猜测很有见地。

等到王莽篡位，谈说之士用符命称功德获封爵位甚众，扬雄依旧不为所动，他最终也只是以耆老的身份才从黄门侍郎转为大夫。

扬雄刻意与政治保持距离，以学术为志业（相对来说，刘歆就是政治与学术并重），我想王莽和刘歆都是心知肚明，王莽的那句"雄素不与事"评价，不是没有根据的。刘歆曾和扬雄一起校书天禄阁，两人各忙各的，资深郎官扬雄应该也是沉默地、"笑而不应"地看着刘歆在天禄阁炙手可热，志得意满。

七

现在大多数《方言》版本都附有刘歆与扬雄的两封来往书信。刘歆在信中要求扬雄寄给他一份论"先代绝言"和"异国殊语"的著作，以收入皇家书目，刘歆词句甚至带着威胁。而扬雄回了一封兼具委婉与反讽的书信。

千百年来，关于这两封书信的真伪争议不断。我们很容易在书中找出诸如年代、称呼不合史实的证据。宋代洪迈就发现，书信明显显示写于汉成帝时期，可是刘歆的信里称呼汉成帝的谥号，即"孝成皇帝"，这又表明信件是在汉成帝死后完成。扬雄在回信中出现《太玄经》，这也不合法度，因为扬雄在别处总是称其书为《太玄》或《玄》，从未称其为《太玄经》。"因为如果称为'经'，"美国汉学家康达维表示，"就是称自己的著作为经典，显得太自大。而且，东汉的大部分时期，即便是最推崇这部著作的人，似乎也不在标题中使用'经'字。"[1]

钱穆对扬雄没有太多好感。他也许是认为扬雄的思想怪异，没有太多真才实学，不够醇厚，不足论。钱穆在厚达八册的《中国学术思想史论丛》中直接跳过了扬雄，而只是以陪衬的方式将扬雄的名字安放在钱著《刘向歆父子年谱》之中。

在"新莽天凤五年（公元18年）扬雄卒"条目下，钱穆写道："雄作《太玄》准《易》，作《法言》准《论语》，此犹王莽之学《大诰》《金縢》，皆一时学风然也。"评价不高，且有暗讽，也认为扬雄是"空自苦"。

钱穆在《刘向歆父子年谱》之中认为扬雄与刘歆的通信为赝物无疑：

> 《方言》前有刘歆与雄索取《方言》书，又有扬雄答书，云"为郎成帝时，至今二十七岁"，若自元延二年计之，当下迄天凤间，时雄、歆皆老，刘棻已投四裔，雄投

---

[1] 康达维：《康达维自选集：汉代宫廷文学与文化之探微》，第127页。

阁幸不死，何歆忽雅兴索取此书？而雄云"列于汉籍，诚雄之所想"，岂不大谬？雄、歆往返二书，殆赝物也。[1]

我们可以用钱穆之矛攻其盾。钱穆在《两汉经学今古文平议》一书前言写道：

> 夫史书亦何尝无伪？然苟非通识达见，先有以广其心、沉其智，而又能以持平求是为志，而轻追时尚，肆于疑古辨伪，专以蹈隙发覆、标新立异为自表襮之资，而又杂以门户意气之私，则又乌往而能定古书真伪之真乎？

扬雄与刘歆的通信固然有诸多不合史实的地方，因为"史书亦何尝无伪"，我们要"通识达见，先有以广其心，沉其智"，才能发"持平"之论。

康达维仿佛是穿着锦衣入荆棘丛，小心翼翼、谨慎地表达自己的看法："有确凿证据显示，如果这些书信真出自二人之手，其完成时代必在成帝统治时期之后。""似乎有确实的证据说明这些书信被后来编纂更改过，改动最早或许发生在东汉

---

[1] 钱穆：《两汉经学今古文平议》，第91页。

时期。"[1]

这样，对书信中不合史实的部分就有了一个合理的解释，毕竟史料存在"层层累积"也是常见现象。"持平之论"是，我们同样不能忽视书信中透露的有价值的部分。

刘歆在切入索书正题之前，先用田仪的事情让扬雄难堪。田仪，蜀人，由扬雄举荐来到朝廷，后来却做了不法之事。田仪这个小人物未见于其他汉代文献，这反而能增加书信的可信度。因为从常识考虑，如果说要作伪，大可拉几个知名度更高的人物下水。

除此之外，刘歆书信通篇语气傲慢，且毫无文采，充斥着蹩脚的短语。有一个很合理的解释，不是刘歆不通文采，而是以刘歆的身份——我们可以联想到那场"空自苦"对话中刘歆的傲慢态度——给扬雄写信，不屑于用文采，非不能也，实不为也，只用一点点威胁足矣。

扬雄在书信中提及对扬雄才华很是赞赏的淑德侯张竦。张竦认为扬雄的书是"悬诸日月不刊之书也"。康达维认为，扬雄是委婉地提醒刘歆，自己和朝中有影响的权贵张竦保持良好关系，如果刘歆坚持信中隐含的威胁与暗示的话，他自己会倚之以为援。

---

[1] 康达维：《康达维自选集：汉代宫廷文学与文化之探微》，第127页。

也许是刘歆书信的傲慢激怒了自尊心很强的扬雄，扬雄回绝了刘歆的要求。扬雄的愤怒在答书结尾以特别尖锐的谴责表现出来，他暗示刘歆企图"胁之以威，陵之以武"，他将"缢死以从命"。扬雄还附带了一句兼具婉拒与反讽的话："伯松（张竦字伯松）与雄独何德惠，而君与雄独何潜隙，而当匿乎哉？"

另外，扬雄在回信中称自己："少不师章句，亦于五经之训所不解。"按字面上意思，章句是"离章辨句"的省称。作为一种注释，章句着重于逐句逐章串讲，分析大意，结果往往流于繁琐，故被斥为"章句小儒"。刘歆是以"通识达见"讲经，同样不喜章句。康达维据此认为，扬雄"不师章句"这一言论，一定会让刘歆高兴。

从表面上理解，似乎是这个意思。扬雄笔下也不止一次辛辣地嘲讽过"章句"。他在《自述》中云："雄少而好学，不为章句，训诂通而已，博览无所不见。"他在《解嘲》中云："章句之徒相与坐而守之。"

往深一层意思去解，"章句"亦指"小儒"，扬雄说自己"不为章句"，骨子里是有一份"不为小儒"的骄傲。扬雄对刘歆说："少不师章句，亦于五经之训所不解。"其实是兼具自谦与骄傲的意味。再说了，扬雄一身傲骨，何必唯独要在这一处让刘歆高兴？

国人深谙"弦外之音"，扬雄和刘歆又是高手过招，明枪暗箭纷至沓来，所以也就很轻易地把不谙此道的汉学家"虚晃"过去了。

这次书信过招，当在两人"空自苦"见面之前。

四 朱见深：帝王的口吃现象

一

朱见深，年号成化，庙号宪宗，明朝第八位皇帝。在位期间四海升平，虽有几次民变却无损大局，基本无大事可述，气候有点小灾小患，以我国幅员之大，似乎在所难免。只要小事未曾酿成大灾，也就无关宏旨。总之，在历史上，朱见深实在是一个平平淡淡、很容易被人忽略的皇帝。

但是，看似平常的表象，细究起来底下又藏着许多非常有趣的东西。

朱见深曾两度为太子，最终还能君临天下。这在中国历史上应该也是绝无仅有的。如此独特的经历，都是拜吊诡的命运所赐。

1449年8月，朱见深的父亲，英宗朱祁镇亲征瓦剌，兵溃土木堡被俘。皇太后孙氏命朱祁镇异母弟朱祁钰监国，立3岁的朱见深为太子。一个月之后，朱祁钰即皇帝位，就是代宗，遥尊朱祁镇为太上皇。

1450年,太上皇朱祁镇还京师,居南宫,所谓"居",其实就是被代宗朱祁钰软禁。皇帝被俘虏之后,还能安全返回,这在中国历史上又是很少见。

1452年,朱祁钰废6岁的皇太子朱见深为沂王,立皇子朱见济为皇太子。让人意想不到的是,第二年,皇太子朱见济死了。

1456年12月,代宗朱祁钰病重。群臣议论复立朱见深为太子。

1457年正月,大臣石亨、徐有贞等认为"皇帝在宫,奚事他求",复立太子不如拥英宗复位,且功劳无量,是谓"夺门之变"。政变也就是夜间几个时辰之间的事,一转眼,龙椅上换人。英宗时隔7年,两度为皇帝,这在历史上又是绝无仅有的。三月,英宗复立11岁的朱见深为太子。

朱见深18岁时,英宗崩,这一次他才真真正正、彻彻底底地失去了父亲。英宗崩时,也只有38岁,实际上也只是一个年轻的父亲。

朱见深就像顽童手中的玻璃弹珠,首先被放在火上烤,烤完放在冷水里"呲",之后继续放在火上烤……如此几番折腾。

二

立太子，遵守嫡长子制，所谓"立长不立贤"。"土木堡之变"英宗被俘时，无嫡子，留下三个婴儿皇子，均是庶出。长子朱见深虚岁3岁，真正算起来仅一岁零十个月。在兵荒马乱之中，皇太后孙氏立朱见深为太子。

朱见深在最需要父爱的童年，却"失去"了父亲。他身为太子，龙椅上却坐着叔父。在懵懵懂懂的年龄，他该如何理解如此诡异的事。

有人统计过，权力巨大、荣耀无比的中国皇帝某种程度上也是中国历史上最不幸的一群人：平均寿命最短，健康状况最差；非正常死亡比例高；人格异常甚至精神分裂的概率较常人高许多。如果统计一下太子的命运，也会是同样让人唏嘘。童年的朱见深无疑会慢慢地感受到从四周蔓延而来的，无形的焦灼与压力。

举一个相似的例子。清朝末年，慈禧也是从奕譞身边夺走他4岁的儿子载湉，即光绪帝。张宏杰在《坐天下》一书中用悲悯的笔调如此形容光绪："在空旷的广场上，他面对一群陌生的人，一大群模样怪异的太监……这个孩子如同一块柔嫩的蚌肉，被粗暴地从亲情之蚌中剜了出来……天底下可能没有比紫禁城

75

更不适合一个孩子成长的地方了……这群辉煌的宫殿其实不是一座建筑，而是权威意志和专制观念的体现……这个权力的象征物里，批发着世界上最密集的阴谋，笼罩着世界上最严密的规矩，呈现着人类顶级的浮华和奢靡，却唯独缺乏简单平凡的亲情。我们无法想象进宫的当天晚上，躺在巨大空旷的殿宇之中的孩子，面对生活环境的巨大变化，心里是多么惊惶和迷惑。"[1]

上面这段话同样适合朱见深。朱见深也是在相似的环境之下成长起来，在同样的紫禁城，在同样的年纪，也失去了自己的父亲，也用恐惧的眼神偷偷看着自己的亲戚。

三

精神分析学的观点认为，无助、脆弱的儿童会觉出世界存在潜在威胁的所有负面影响力，因为害怕这种潜在的危险，同时为了获得安全感，便会形成某种神经质的倾向来对抗着世界。[2] 我们可以把口吃归入神经质的研究范围，而我发现，这应该也是不少人在儿童时期变成口吃的重大诱因。

---

[1] 张宏杰：《坐天下》，人民文学出版社 2018 年版，第 84—85 页。
[2] 卡伦·霍尼：《精神分析的新方向·前言》，梅娟译，译林出版社 2019 年版，第 3 页。

身在帝王家的儿童同样受到这种负面影响力，甚至可以说，他们受到比普通儿童更大的压力。盘点中国历史，口吃的帝王并不少见，如三国时期魏明帝曹睿，我们可以想象一下司马氏阴冷的眼神带给他的压力；北齐第二任皇帝高殷，被他父亲文宣帝高洋抽打成口吃；北齐后主高纬，他在军中口吃发作时，就本能地用大笑救场。

如果我们把范围稍稍扩大，发现口吃的王族也不少见：韩非前文已经提及；鲁恭王刘余，汉景帝之子，就是为扩建宫室，破孔子之宅，得古文经，开后世今古文经学之争的那位；明朝王族八大山人朱耷，他有一闲章曰"口如扁担"，是难言之意。这些人同样受"负面影响"而变成口吃。

在这种压力的作用之下，童年的朱见深和光绪都变成了口吃。溥仪的英文老师庄士敦认为，光绪的口吃是"先天不足"；我认为光绪的口吃可能不是先天的，而是被冷漠而威严的慈禧活活吓出来的。

需要指出的是，在相似环境之下成长起来的朱见深和光绪虽然都患有口吃，却又有着各自不同的性格。读帝师翁同龢日记，我们会发现印象里清秀、文弱的光绪，却有着完全相反的另一面，暴躁、偏执、骄纵，性格非常矛盾。而朱见深的性格相对来说很宽和。

何以故？这是因为，口吃的孩子只能以建立某种防御策略的方式来应对、抗衡这个世界，并且得到满足感的获取。至于他采取什么样的策略，是由所处的整个环境的综合因素来决定的，是追求控制呢，还是倾向屈从？是乖顺呢，还是高筑壁垒把自己围困起来，并杜绝外人闯入？所有能采用的方法都取决于现实条件。[1]

不同的个体面对同样的困境，有不同的应对方式、信息交互方式。好比悲伤的人不一定都流泪。但是，我们可以通过分析悲伤的各种举动，触摸其受挫的情感、欲望与恐惧的深处。

四

据沈德符的《万历野获编》记载，朱见深在临朝宣旨时，犹如背课文，因为事先诵读熟了，所以能"琅琅如贯珠"，至于召见大臣、商议朝政、临时应对，那就麻烦了。所谓"君相天赋，本非常人可比，常理可测"[2]，不知道是沈德符的曲笔，还是他真的如此认为。

1464年，也就是朱见深即位后的第一年，大臣在奏疏中提出应开经筵，要求皇帝风雨寒暑不废，日御文华殿，午前讲学，

---

[1] 这是卡伦·霍尼在《精神分析的新方向》中对儿童的描述，我在儿童前加了"口吃"定语，同样符合这段分析。
[2] 沈德符：《万历野获编》，中华书局1980年版，第24页。

午后论治，且礼仪繁琐。对朱见深来说，真是一场折磨。1467年，大学士刘定之请经筵照例赐宴，"毋烦玉音"，但是最终"君臣之间无一词相接"。

与朱见深同时代，在朝廷为官的陆容在《菽园杂记》里记载了一件很有意思的事。每次上朝，诸司奏事，"事当准行者，上以是字答之"。也就是说，朱见深把不得不回答的词句尽量压缩到字数最少。成化十六七年间，"上病舌涩"，连说个"是"都很困难，鸿胪寺卿施纯马上揣摩到了朱见深的难处，就悄悄向近侍说："是"这个字难说，可以改成"照例"两字。

在我这个口吃者看来，朱见深"是"字的发音也未必是流畅的。大部分的口吃者有几个特别难发的音，而"是"字本身包含的用来表态与承诺的意义，往往会给口吃者带来心理压力，"是"就成为口吃者特别难发音的一个字。可是，把一个特别难发音的字组成两个字的词组，有时是会变得容易发音一些，施纯确实"深谙此道"。由此可见，"上病舌涩"，只是朱见深口吃严重的托词，而陆容当真了。如果朱见深真的烂了舌头，不能发"是"字，又安能发"照例"两个字？

朱见深改为"照例"，觉得确实特别好用，"甚喜"，就问是谁出的主意，近侍就说出了施纯的名字，于是施纯得升礼部侍郎，掌寺事，不久又升为礼部尚书，加太子少保。施纯凭借两字之功，在二十年不到的时间里升到如此高位，朝野惊讶，当时就有人嘲讽他:"两字得尚书,何用万言书。"[1]

五

在长久的焦虑与压力之下,朱见深除了口吃,还患有一种类似心理障碍的疾病:坐久了或见生人心里便发慌,很不自在。

据查继佐的《罪惟录》记载,皇后王氏去见朱见深时,被太监挡在了门外,理由是:"上不耐生人,勿数至。"对于太监给出的这个理由,皇后王氏"亦无愠色"[2]。众所周知,朱见深是一个情种,对万贵妃情真意切,对其他女人包括皇后王氏在内都是冷冷淡淡的。皇后王氏也只是谨小慎微地在宫中生活着。

万贵妃比朱见深要年长17岁,对于朱见深如此宠幸,他的生母周太后都有点看不下去了。

据《罪惟录》记载,周太后气呼呼地质问朱见深:"彼有何美,而承恩多?"朱见深说:"彼抚摩吾安之,不在貌也。"

朱见深的心理障碍,需要万贵妃陪伴,细心地按摩,才得缓解。

朱见深的暗疾,也"曲折"地见于正史。《明史·宦官一》

---

[1] 陆容:《菽园杂记》,中华书局1985年版,第75页。
[2] 查继佐:《罪惟录》,浙江古籍出版社1986年版,第1160页。

记载，东厂太监尚铭与当红太监汪直有隙，尚铭怕后者报复，"乃廉得其所泄禁中秘语奏之"[1]。尚铭把访查得来的汪直平时言谈之中泄露的"禁中秘语"都告诉了朱见深。所谓的禁中秘语，无非就是朱见深与后妃的床笫之事，也许还包括万贵妃的抚摩。尚铭之举很有效，因为汪直已经碰到了朱见深最隐秘的痛点，朱见深开始对汪直感到愤怒。汪直这颗当红的彗星开始急速下坠。

万氏小名贞儿，4岁时被选入宫中，成为宣宗孙皇后身边的宫女。"土木堡之变"后，孙皇后将3岁的朱见深立为太子，把朱见深放在身边抚养，而服侍朱见深饮食起居的，正是万贞儿。

在每一个孤独绝望的黑夜，朱见深从成熟的万贞儿身上得到了亲人之爱与情人之爱，最后，这几种温暖又像咖啡、奶、糖一样融合在了一起。

史载万贵妃"机警，善迎帝意"，朱见深每次出游，她都"戎服前驱"。《万历野获编》说万贵妃"丰艳有肌，上每顾之，辄为色飞"，应该是民间传言多起来了。《罪惟录》记载"万贵妃貌雄声巨，类男子"，更接近真实。对朱见深来说，雄强的万贵妃给他带来了更多的安全感。

---

[1] "廉"是"访查"之意。

六

少有人知的是，口吃的朱见深还是一名书画高手，接近一流大师的水准。在明朝，已是公论。

自宋朝以来，大凡有书画艺术创作兴趣的帝王，水准基本不差（乾隆除外），有几个客观的原因。

一是天下精品大量汇集皇室，帝王有这么多书画神品过目，眼光想差都难。当然，乾隆的字除外。

皇家书画精品收藏，数量不可想象。我可以抄一段当时太监的记录，让读者诸君眼红眼红。据明朝陈洪谟的《治世余闻》记载，替皇帝采办天下宝物的太监钱能曾在公堂上得意地向士大夫们炫耀他所搜刮的成绩：

> 中有王右军亲笔字，王维雪景，韩滉题扇，惠崇斗牛，韩幹马，黄筌醉锦卷，皆极天下之物。又有小李、大李金碧卷，董、范、巨然等卷，不以为异。苏汉臣、周昉对镜仕女，韩滉《班姬题扇》，李景《高宗瑞应图》，壶道文会，黄筌聚禽卷，阎立本锁谏卷，如牛腰书。如顾宠谏松卷、偃松轴，苏、黄、米、蔡各为卷者，不可胜计。

挂轴若山水名翰，俱多晋、唐、宋物，元氏不暇论矣。[1]

顺便一说，宪宗朝，宦官参政是一个大问题，当时和后来的大臣、儒生都大骂特骂，但是他们有意或无意忽略了一点，在皇帝看来，宦官是为皇帝办事，比如采办天下宝物，他们只是皇帝的家奴。大臣和儒生指责宦官的同时，这个板子也自然而然地打在了皇帝的屁股上。对于宦官的贪赃枉法，朱见深也心知肚明，只要不做得太过分，他就睁一只眼闭一只眼，"一团和气"。

其次，帝王边上常常聚集了一大批优秀的书画家，耳濡目染。众所周知，宋朝建有皇家画院，至于明朝有没有画院，是一个存在争议的课题。中国绘画史专家高居翰认为，从不同的资料来源所得到的印象是，明朝画家不太有严谨的组织，但是各有各的技巧和风格背景，以应皇帝及阁臣的需要或奇想。[2]

成化朝最有名，且与朱见深有交集的画家，是人称"小仙"的吴伟。吴伟画风潇洒随性，笔法可粗放也可精细。人物画出自梁楷、法常一脉，目光炯炯有神，用笔迟滞。[3]

吴伟与朱见深的交往，见于万历年间顾起元的《客座赘

---

[1] 陈洪谟：《治世余闻》，中华书局1997年版，第44页。
[2] 高居翰：《江岸送别：明代初期与中期绘画》，三联书店2018年版，第10页。
[3] 中国传统书论中就有"迟滞"之说，与之一脉相承。

语》和明末姜绍书的《无声诗史》，文字大同小异，读来有魏晋趣味。

故事说的是：吴伟性憨直，有气岸，一言不合，辄投砚而去。朱见深召至阙下，在皇帝面前依旧放浪形骸。吴伟有时大醉被召，蓬头垢面，曳破皂履，踉跄而行，中宫扶掖以见，朱见深看了大笑，命作《松风图》，吴伟直接用手指蘸墨作画，"风雨惨惨，生屏障间，左右动色"，朱见深惊叹："真仙人笔也。"

此事也可看出朱见深温和的性格。比较两个人的绘画风格，尤其是人物画，存在相同点，朱见深的人物画，同样目光炯炯有神，同样用笔迟滞，在这一点上，可见朱见深的绘画是受了吴伟的影响。在艺术上，两人打破了身份的高低贵贱，成为真正的同路人。

顾起元还在《客座赘语》之中记载了他亲眼看到朱见深画作的一次经历：

> 宪宗皇帝御笔文昌帝君像，帝君冠唐帽绿袍，束带履乌靴，手持玉如意，坐磐石上，神仪萧散出尘，真天人也。上题成化十九年御笔，押以"广运之宝"。旧为苑马卿卢公家藏，今人但知宣宗皇帝御画，不知宪宗皇帝宸翰

之工如此，真人间之瑰宝也。[1]

明末清初徐沁所著的《明画录》云：

> 宪庙，工神像，上有御书岁月，用"广运之宝"。尝写张三丰像，精彩生动，超然霞表。[2]

幸运的是，朱见深确实有几件书画精品存世，供我们观赏。古人云，书画心声，朱见深的亲笔也就成为除史料之外另一条供我们好好理解其内心的有效途径。有时候，从书画之中揭示出来的心理真实性会超越史料的价值。

七

朱见深存世最有名的画，当属那幅构思精巧的《一团和气图》立轴：远看，是体态浑圆、盘腿而坐的弥勒佛，从画中微笑着直直地看着观画者；细看，原来是三个人拥抱在一起，三个人的五官互相借用，合成一张脸。朱见深画的是"虎溪三笑"，

---

[1] 顾起元：《客座赘语》，中华书局1997年版，第312页。
[2] 徐沁：《明画录》，华东师范大学出版社2009年版，第2页。

儒释道三教融通的典故，但是，他以如此奇特的角度绘制，和前人的构图均是不同。

在中国传统绘画之中，很少把人物、鸟、兽的脸画成正面。中国绘画讲究造境，画中人沉浸在四周景物之中，或出神地看向流水，或是抬头远眺，把观画者的视野引向画面对角线最远处的高峰、烟云，让观画者和画中人一起神游——这是宋画最常见的路数。如果让画中人直直地看着观画者，很容易就会破坏整体氛围，显得怪异、格格不入，让观画者感觉不舒服。

如果是神像，正面肖像要更多一些，直直的视线，有利于营造威严的气氛，让观画者（这时是信徒居多）起敬畏心。虽说朱见深绘画"工神像"，但是从大方向来说，还属于文人画的范畴，这幅《一团和气图》立轴也是如此。

成化十七年（1481），朱见深绘制了一幅《松鹰图》。在萧瑟肃杀的氛围之中，一只苍鹰雄踞在一根松枝之上，位置刚好是在画中心，它也把头部正面朝向观画者，一双眼睛冷冷地盯着观画者。它似乎突然发现有人在偷窥，似乎有许多信息想要表达，又给人触之即飞的感觉。与八大山人笔下同样不安的鸟相比，朱见深的鹰，多了一股凶悍、王者之气。

如此构图不会是巧合，它是朱见深想要与人倾诉，或者说是想对自己倾诉的欲望的曲折表达。《一团和气图》中的正面肖像的特点，我们当然不能等闲视之。

但是，如果长久观赏这幅画，会有一股不安之气拂来，你会发现三人合抱在一起，体态显得臃肿诡异，拼凑出来的笑容带着某种森森的冷意，让人不寒而栗。

朱见深固然想让三教融合，这种融合或许还囊括了其他几组不安的矛盾：比如外廷与内廷，他不安的内心与外部的环境，他对万贵妃的依恋与大臣对这段爱情的反感……朱见深希望它们都能"一团和气"，可结果呢，套用书法中"计白当黑"的术语，我们还是能看到三者之间的裂痕，或许这正是朱见深内心无力感与痛苦的书写。

《一团和气图》立轴上有一段朱见深的题字，一手很漂亮的王字与赵字风格的结合体，写得秀气也雍容华贵。落款"成化元年六月初一"。成化元年，他刚登基，那一年，他19岁。人生画卷才刚刚展开。

八

从心理层面解读，朱见深在一幅名不见经传、宋代佚名绘画《子母鸡图》上的题字，也显得很重要。

图绘一只白毛母鸡带领五只小鸡仔觅食的情形。母鸡威武雄壮，红色鸡冠鲜艳，五只小鸡仔围绕着鸡妈妈，似对外界胆怯、害怕，有一只小鸡仔甚至躲在了鸡妈妈的身后。这幅工笔画，体物传神，是宋代翎毛画佳作。

可是，如果我们回到历史现场，想象一下神品不计其数的皇家收藏，这幅无名氏的画就立马显得稀松平常了。纵使如此，成化二十二年(1486)，朱见深还是在画上认认真真地题了一诗。

> 南牖喁喁自别群，草根土窟力能分。
> 偎窠伏子无昏昼，覆体呼儿伴夕曛。
> 养就翎毛凭饮啄，卫防雏稚总功勋。
> 披图见尔频堪羡，德企慈乌与世闻。

诗句普通，但是作得用心，字也写得用心。朱见深"披图频堪羡"，当然不会是指那位无名画师的画工，而是母鸡照顾小鸡仔的情形深深地触动了他内心最柔软的部分。他想到了自己一生依恋的、亦母亦妻的万贞儿。画中的母鸡，就是万贞儿，而他就是躲在母鸡身后的那只最胆小的小鸡仔。

万贞儿比朱见深大17岁。大17岁具体是一个什么概念？那就是，万贞儿和朱见深的生母周氏同岁。据《明孝宗实录》记载，弘治十七年三月周氏去世前自称"今寿七十有五"，则生年当在宣德五年，公元1430年前后；史载，万贞儿正是生于宣德五年。每当想到这一点，周氏一定会咬牙切齿吧。一个和自己同龄的普通女子，竟然把自己儿子迷成如此局面，"彼有何美"？

二十年前，万贞儿曾为朱见深产下一子，两个人都非常开心。想不到天有不测风云，皇长子连名字都还没来得及取就夭折了。这对万贞儿的打击是巨大的。万贞儿后来过了生育年纪，出于江山社稷考虑，对朱见深宠幸其他妃子也就只能睁一只眼闭一只眼了。

成化二十二年(1486)，这一年朱见深40岁，万贞儿57岁。万贞儿当然已经是非常衰老了。他在《子母鸡图》上题的这首诗，当然就是题给万贞儿的。

成化二十三年，也就是朱见深在《子母鸡图》上题字后一年，万贞儿逝世。《万历野获编》记载，朱见深听闻之后，愣了好半天，长叹一声："万侍长去了，我亦将去矣。"此言非虚，朱见深也在同一年病逝。

九

你可能会觉得，我把各种材料生硬地堆积起来，就像一个蹩脚的中国山水画初学者在画面一角随意堆砌石子，看不出有什么关联。

其实，那些看上去无关紧要的石头，都是相互有关联、呼应，其阴阳向背，明暗对比，有关宏旨。从朱见深的经历来看，从某种意义上讲，每一个人，包括帝王，都是心理与历史的俘虏，无所逃于天地间。

由于口吃，惧怕人际交往的朱见深成为明朝第一个不与大臣面议国事的皇帝。这也给后来不爱上朝的几个皇帝提供了参考。

朱见深也看到内廷和外廷之间的紧张矛盾。究其根源，是朱元璋取消了宰相制。取消宰相制，帝王就要亲自处理海量信息，这对开国初期的雄主如朱元璋、朱棣来说，固然能胜任，但是到了后来，帝王稍微暗弱，宦官自然就会抬头。朱见深固然性格宽和，但是在站在他的位置，对群臣的不信任是天生的，所以他建西厂，让宦官参政。他以一个口吃者的羞涩与敏感，努力让多方一团和气，也为后世埋下了诸多不安的种子。

朱见深逝世之后，如何评价，史馆诸臣挖空心思，最后有个定论："上以守成之君，值重熙之运，垂衣拱手，不动声色，而天下大治。"可谓一团和气，又可谓是无可奈何的口吃表达。

五 毛姆：投影在中国屏风上

一

　　毛姆8岁丧母，10岁丧父，年纪轻轻就寄养在牧师叔叔亨利冰冷的家中。童年失爱，早年生活的陡然变化，是造成毛姆口吃的一个重要原因。由于这个缺陷，他甚至根本不适合从事他叔叔所期望的教职工作。与此同时，口吃也和其他因素（例如在性取向上并不循规蹈矩）一起裹挟着，塑造了毛姆敏感、羞涩、冷眼旁观的性格。对毛姆来说，口吃无疑是他"华冠"上一块最重的"灰尘"、枷锁上最醒目的一处部件。"华冠灰尘"是毛姆很喜欢的一个词，1915年出版的半自传体小说原本取名《华冠灰尘》，无奈早已有人捷足先登，毛姆退而求其次，就把书名定为《人性的枷锁》。

　　毛姆曾有过一次挫败的经历。有一次，叔叔带他坐火车去伦敦，当天叔叔让他自己回去。三等座售票处排着一队长龙，终于轮到他时，他怎么也说不出"惠斯泰布尔"这个词，他站在那里结结巴巴。后面的人等得不耐烦了，他还是说不出来。突然，两个男人把他推到一边。"我们可不能等你一个晚上，"他们说，"别浪费时间了。"于是他不得不回到队伍后面重新排队。他永远不会忘记那一刻的耻辱，所有人盯着他看。[1]

儿时便有的口吃毛病让他与这个世界进一步疏远，并使他在极其痛苦的同时异常敏感。口吃给他的生活造成了阻碍，因此，成年后，他习惯身边带一位翻译，一个善于交际、性格开朗的小伙子——这个人往往也是他的情人——作为他的中间人与陌生人进行接触，毛姆则或多或少地退居幕后。虽然毛姆竭力保护自己，但他依然脆弱无比。[2]

毛姆将整个人生写入他的书中。书中许多人物都有自己的影子，他们大多刻薄、羞涩，也爱慕虚荣。在《人性的枷锁》里，毛姆把以自己为原型的主人公菲利普写成瘸子。口吃转换成瘸子，是一处高明的创造，因为瘸子和口吃，都会给当事人带来深深的屈辱感，而在描写上，瘸子比口吃更具有画面感。于是，可怜的菲利普就"瘸"了整部厚厚的书。

在《人性的枷锁》第 11 章，毛姆写到了菲利普求学时受到的屈辱——

---

[1] 赛琳娜·黑斯廷斯：《毛姆传》，安徽文艺出版社 2015 年版，第 16 页。
[2] 赛琳娜·黑斯廷斯：《毛姆传》，第 2 页。

菲利普看见有个男孩跑过去，想抓他，但他那条跛腿根本追不上，其他人都看准了机会从他身边直接冲过去。有个人异想天开地开始模仿菲利普瘸着跑步的怪样子，其他孩子看了都大笑，接着全部跟随第一个人模仿起来，他们围着菲利普，怪里怪气地装跛脚，一面大声尖叫，发出刺耳的笑声，在这个新把戏里兴奋得昏头转向。有个孩子伸出脚绊了菲利普一下，菲利普也一如往常，毫不意外地重重摔倒在地，膝盖都擦破了。他爬起来，他们笑得更大声了，有个男孩从背后推了他一把，要不是有人接住他，他一定又要再摔倒一次。他们以取笑菲利普的畸形为乐。[1]

模仿、嘲笑、攻击是人的天性。口吃的人，对此深有体会。

毛姆意识到，每个独立的个体都必须经历一个"相同的过程"才能意识到自我，意识到独立完整的有机体，而"这当中又有一些不同"，因为口吃（书中是跛脚）的人意识到的是不同于正常人的残缺感与疏离感，这种感觉进入青春期之后会特别明显。他羡慕那些可以正常表达，融入群体生活的正常人，"你会

---

[1] 毛姆：《人性枷锁》，好读出版2017年版，第49页。正文使用常见译名《人性的枷锁》——编者注。

看见这些人在圣灵降临节跑到汉普斯特德荒野跳舞,在足球赛场呐喊,或者从帕摩尔街的俱乐部对皇家仪仗队欢呼",而毛姆(书中是菲利普)从天真无邪的童年,过渡到拥有痛苦的自我意识,是因为他的口吃(跛脚)引来的嘲笑而激发的。

绝大多数口吃者都是男性,而且几乎都是在童年——毛姆是在八九岁——变成口吃,背后有其原因。因为男孩比女孩调皮,有更强烈的模仿和嘲笑的冲动,而此时又是学习语言的阶段,稍有不慎就会变成口吃。毛姆提醒我的是,口吃的人要更加艰难地跋涉这条长长的幽暗慌乱的青春期过道。与此同时,青春期的迷茫、慌乱、敏感、羞涩,又"加持"在口吃者的身上,等于是在幽暗的画布上再抹一层幽暗的色彩。

由于口吃和羞涩,成名前的毛姆不会有太好的猎艳成绩。他最初企图跟一个妓女搭讪,但那个姑娘惊人的沉着,当毛姆磕磕巴巴提议要给她买杯酒时,那妓女一扭头,轻蔑地走开了。我想,这应该是毛姆自买票经历之后,受到的又一次内心重创。

《人性的枷锁》里的菲利普,曾在夜间绝望地游荡,后来他发现有户人家正在办派对,他站在一群衣衫褴褛的人中间,在门房背后看着宾客陆续抵达,听着从窗户传来的悠扬乐声,尽管天气很冷,偶尔还是会有一对男女在阳台上驻足透气。菲利普一面想象他们是彼此相爱的恋人,一面心情沉重地转身,一瘸一拐地沿着街道离开。阳台上那个男人的地位,是他永远也无法企及的,他觉得世界上没有一个女人会正眼看他而不厌恶他的残疾。

恋爱中的自卑感最致命。口吃的人,对此也深有体会。

口吃也会影响毛姆的人际交往,尤其是对情人的态度。他刻薄、残酷,甚至沉迷于相互折磨。《人性的枷锁》的后半部,其实就是写菲利普和他恋人旷日持久的相互折磨的过程。

而毛姆对口吃的解脱之道是,承认它,然后超越它。这句话虽然很心灵鸡汤,不过事实确实如此。

毛姆有学医的经历,这让他更好地了解人性。他在上解剖课时,曾徒劳地寻找某一根神经,老师以高超的技术在一处他没想到的地方找到了它。他感到恼火,因为教科书误导了他。老师笑着说:"你得明白,正常的事情也是世界上最稀有的事情。"

这段经历让毛姆刻骨铭心,他反复把它写在自己的书里。在《人性的枷锁》和游记《在中国屏风上》,我都能读到这段故事。每个人心里都有一扇门,只要这扇门打开了,心结就打开了。这段经历,正是打开毛姆心里这扇门的钥匙。

毛姆在《在中国屏风上》一书中说:

> 虽然他说的是解剖,但同样说出了人性的真理。这句随口之言给我留下了深刻的印象,而许多金玉良言则不过

如此，那时以来很多年过去了，我对人性更多的了解，只有进一步使我确信这句话的真理性。我遇到过成千上百似乎完全合乎标准的人，然而我发现，他们当下的某一特性如此显著，以致几乎可以认为是独一无二的。在种种最平常的外表下找出人的隐藏着的奇特之处，这让我得到了不小乐趣。我时常惊奇地在一些人身上发现他们可怕的堕落，而这些人你可以说是完全普普通通的人。最后，我寻找正常的人就如同寻求一幅艺术珍品。这样，对他的了解所能给我的那种特别的满足，我想只能称之为审美愉悦。[1]

当毛姆把口吃这块看上去"不正常"的小拼图拼在整个人性的版图之上，不正常的感觉就会被消融。当毛姆通过洞悉人性的方式，从口吃的苦闷之中脱身之后，他的视角开始变得人性、悲悯。两者之间，其实就是隔着一层薄薄的窗户纸。

实话实说，我读毛姆的《人性的枷锁》，其实非常痛苦，如果不是为了要写毛姆，我早已经把这本厚厚的小说扔出去了。毛姆在随笔《总结》里曾批评英国的小说："一个突出特点是结构松散，叙述拖沓。英国人喜欢让自己沉浸于这种鸿篇巨制、松

---

[1] 毛姆：《在中国屏风上》，上海译文出版社2018年版，第124页。

散拖沓而描写细致的大部头著作中。"毛姆说的这段话也完全可用在这部《人性的枷锁》中。

不过,毛姆的短篇小说、游记和随笔,读来却十分快意。这三种文体摆脱了叙述的冗长,让毛姆对人性的悲悯表达,更浓缩、更劲道。

1919年,45岁的毛姆跨越千山万水来到中国,壮游一年,并写下游记《在中国屏风上》。58篇或长或短,原本可以成为小说的"素材",却连缀成"一组中国之行的叙事"。打开毛姆这本中国游记,就像是打开一位著名画家的速写本,简单几笔,就能捕捉到万物的神韵。

不管是神秘薄雾笼罩的东方古国,还是南太平洋上诡异莫测的小岛,对毛姆来说,都只是有风格差异的舞台,他关注的是舞台上轮番上演的一个个鲜活的人,有传教士,有在中国的西洋商人……他对长江的号子和驮货物苦力的哀叹,读来尤其让人动容。

二

1920年,在北京旅游的毛姆得知这座城市住着一位著名哲学家辜鸿铭,就想去拜访,这是他此次艰苦旅程的心愿之一。毛姆把这次有趣的拜访写进《在中国屏风上》,文章篇幅相对较长，可以看出毛姆对辜鸿铭的浓厚兴趣。

当毛姆表示想拜访这位名人时，他的东道主马上答应安排一次会面，但几天过去了，一点动静也没有。当毛姆问起时，东道主耸了耸肩。"我送去一张便条让他过去，"东道主说，"我不知道他为什么没有来，真是个固执的老家伙。"

毛姆不认为以如此傲慢的方式对待一位哲学家是合适的，也不奇怪辜鸿铭为何不理会这样的召唤。他设法给辜鸿铭送去一封信，用他想得出的最有礼貌的措辞问辜鸿铭能否同意他去拜访，不到两个小时，毛姆就收到了回复，约定第二天上午十点见面。

北京城的胡同和地名一定让毛姆晕头转向，他在书中没有写下辜鸿铭的具体住址，只说自己是坐轿子去的，"路似乎长得没有尽头，经过或拥挤或冷僻的街道，最后来到一条街上，这儿安静而又空旷，在一堵长长的白墙中的一个小门前，轿夫放下轿子"。

毛姆和辜鸿铭相见二十年后的1940年代，张中行曾和友人一起去访问过苍老儒生已经作古的空宅院，张中行倒是在《负暄续话》中写下"曾经的辜府"的具体地址："北京东城，灯市口以南，与灯市口平行的一条街，名椿树胡同，东口内不远，路南的一个院落。"

椿树，落叶乔木，树高可达三十米，树干挺直，树皮光滑，冠如伞盖，叶大荫浓，夏季黄花，初秋果红。庄子云："上古有大椿者，以八千岁为春，八千岁为秋。"守旧的辜鸿铭住在椿树胡同，名字听上去倒也十分相称。

轿夫敲敲门，过了好一会儿，门上的一个小窗开了，一双黑眼睛朝外看，随之是一番简短的通话，最后同意毛姆进来。一个脸色苍白的年轻人，神情萎靡，衣着寒酸，示意毛姆跟着他走。毛姆分不清此人是仆人还是这位大师的门生。

毛姆穿过一个破败的院子，被引进一间狭长低矮的屋子，四周全是书，没有地毯。这是一间阴冷、空旷，也不舒服的屋子。只是书桌上一只高花瓶中的黄色菊花，才使这阴沉的屋子有了些生气。

64岁的辜鸿铭走了进来，46岁的毛姆赶紧表示蒙他的好意让自己登门拜访。辜鸿铭请毛姆坐下来并开始沏茶。

"我很荣幸你想来看我，"辜鸿铭回答毛姆的问候说，"贵国人只是跟苦力和买办打交道，他们以为每个中国人必然的不是苦力就是买办。"

毛姆"冒昧地表示异议"，但"没有抓住他说话的要点"。辜鸿铭将背靠在椅子上，带着一种嘲讽的表情看着毛姆。

"他们以为我们可以招之即来。"

毛姆马上明白了，朋友糟糕的便条还在让辜鸿铭生气，不知道该如何解释，便喃喃地表达了对辜鸿铭的敬意。实际上，对人生阅历丰富，洞悉人性，甚至当过间谍的毛姆来说，在见辜鸿铭之前，他就已经猜到辜鸿铭的心思。而关于毛姆的经历，辜鸿铭并不十分了解，甚至可以说，也不想了解。

> 他是一个上了年纪的人，高个子，扎着一条细长的灰辫子，有着明亮的大眼睛和厚重的眼袋。牙齿已经缺损发黄。他很清瘦，长得好看的双手小小的，干瘪得有些像爪子。我听说他抽鸦片。他衣着简朴，穿一件黑色长袍，戴一顶黑色帽子，衣帽都有些旧了，深灰色长裤在脚踝处扎起来。他看着我。他还不知道该以怎样的态度接待我。他有一种戒心。[1]

这是一场不对等的谈话。辜鸿铭孤傲，宛如一棵参天大树嘲讽地俯视毛姆。而毛姆全程表现得很有绅士风度，在毛姆看来，辜鸿铭是一棵和周围的环境早已经格格不入的有点可怜的老树，正在缓慢地走向被人遗忘的国度。

"你知道，我在柏林得到了哲学博士学位，"辜鸿铭说，"后来我在牛津大学学习了一个时期。但英国人，如果你允许我这么说的话，于哲学而言不是很有天分。"毛姆认为，虽然辜鸿铭

---

[1] 毛姆：《在中国屏风上》，上海译文出版社2018年版，第105页。

做出这一评论时带着歉意,但很明显,辜鸿铭乐于说一件让英国人毛姆不悦的事情。

辜鸿铭不单单是看不起英国普罗大众,他甚至看不起西方诸国全体的普罗大众。如果知道了这一点,毛姆的内心应该会舒服一点。

"恕我直言,美国人、英国人和德国人都很难理解真正的中国人和中国文明,因为美国人通常博大、淳朴,却不深沉;英国人通常深沉、淳朴,却不博大;德国人,尤其是受过教育的德国人,通常深沉、博大,却不淳朴。而法国人呢……既缺乏德国人天性中的深沉,又缺乏美国人的广博和英国人的淳朴,但他们具备另一种非凡的心灵特质——灵敏,这是理解真正的中国人和中国文明的首要条件,而其他三个民族普遍缺乏这一特质,"辜鸿铭在那本著名的《中国人的精神》中自豪地写道,"因此,要概括真正的中国人和中国文明的特点,除深沉、博大、淳朴以外,还必须加上灵敏。这一灵敏,它的境界是如此之高,恐怕只有在古希腊和古希腊文明中能看到,此外概莫能寻。"

"恕我直言"和"如果你允许我这么说的话",都是不容反驳的话语。

有一个很有意思的巧合,辜鸿铭的《中国人的精神》和毛姆的《人性的枷锁》都出版于1915年。从某种意义上说,文体不同的两本书,其实也是同一种书写,都是站在人和人性的角度剖析自己。辜鸿铭是赞叹中国人尚未变质、纯粹的精神,宛如一炉纯青的火焰;而毛姆是感叹自己在人性的大海里,浮沉迷茫,挣扎折磨。我们常常感慨中国文化的包容,可是辜鸿铭这本"抹黑"西方人的《中国人的精神》同样在西方畅销。

辜鸿铭的咄咄逼人,和毛姆很有教养的微笑(不要忘记了,毛姆有口吃,两人的对话其实很有画面感),最后都要放在一个新的更大的天平之上去考察。因为时代已经变了。毛姆发现:

> 他(辜鸿铭)对西方哲学的研究最终只是有助于他彻底明白:智慧说到底只能在儒家经典中发现。他毫不保留地接受了儒家学说。它圆满地回应了他精神上的需求,反过来,又使西方根本上显得空洞……如果儒家学说牢牢地控制着中国人的思想,这是因为它解释和表达了中国人的思想,而没有其他的思想体系能够做到这一点。

身为小说家的毛姆于一次见面中就得出如此观点,其过人的洞察力可谓名不虚传。

毛姆和辜鸿铭的谈话被一个悄悄走进来的小女孩打断,她依偎在辜鸿铭的身边,好奇地瞪着眼睛看着毛姆。这是辜鸿铭最小的孩子,在清朝皇帝退位的那天出生。辜鸿铭把自己的辫子拿在手里,说:"这是个象征。我是古老中国的最后的代表。"

此时的辜鸿铭温文尔雅,收起一身好斗的羽毛。毛姆不禁认为,辜鸿铭多少是一个悲哀的人物,"他觉得自己有治理国家的才能,但没有帝王来赋予他治理国家的重任"。毛姆看到了中国传统知识分子的宿命。

三

拨开烟雾,拉开一段距离看历史,上世纪二十年代前后是一个思想碰撞、命运吊诡的大时代。毛姆和辜鸿铭,只是烟波浩渺中的两个小小坐标。

1917年,俄国二月革命爆发,纳博科夫一家彻底告别了平静的贵族生活,乘船离开俄国,前往克里米亚。他的父亲成为克里米亚的司法部长。在朋友家中暂住了18个月后,克里米亚的白军起义失败。于是,纳博科夫一家离开克里米亚前往欧洲西部开始了背井离乡的生活。1919年,纳博科夫一家从俄国移民之后,第一个落脚点就是毛姆的祖国英国。

1917年8月,毛姆抵达俄国的彼得格勒,发现眼前这座历史悠久的城市一片混乱。毛姆此行的任务是与临时政府首脑克伦斯基接触,劝阻俄国退出战争,就在他回国述职时,俄国爆发了十月革命。

也就是说，1917年，纳博科夫和毛姆在风云突变的俄国刚好错开了。还有一个很有意思的巧合，和毛姆一样，纳博科夫的弟弟谢尔盖也是口吃，在性取向也并不循规蹈矩。

1940年5月，为了躲避纳粹军，纳博科夫带着家人离开法国。而谢尔盖决定留在欧洲，据说是为了和他的同性恋伴侣在一起。1943年，谢尔盖在柏林被逮捕，公开的罪名是散布颠覆性的言论，被人指控为英国间谍（而毛姆是货真价实的英国间谍），最后关进集中营，两年后，在集中营里死于饥饿和疾病。

1918年，梁启超辞去段祺瑞内阁财长一职，带随员刘崇杰、张君劢、蒋百里、丁文江、徐新六赴欧洲考察学习，历时一年多，并出版《欧游心影录》。梁启超在书中认同和推崇西方文化的核心"自由精神"，提倡个体本位的文化理论观，对欧洲文明的前途持乐观态度。

这和辜鸿铭的想法刚好反过来，辜鸿铭痛心疾首地说，新学正在改变和腐化真正的中国人，而学习汉语、研究中国的文学经典，绝不仅仅属于汉学家的爱好，它将有助于解决当今世界所面临的困难，从而拯救欧洲文明于水火之中。

1919年，梁启超壮游欧洲一年之后回国，毛姆跨越千山万水来中国壮游。《欧游心影录》和《在中国屏风上》这两本书也可以对观。

1920年，英国哲学家罗素来到中国，并在北京讲学一年。

毛姆也关注了此事,《在中国屏风上》写道,他在上海的一个朋友特意让人力黄包车回头,就是为了去买罗素的新书,"这本书刚到上海"。

1919年至1921年,美国实用主义集大成者杜威也在中国讲学,毛姆和辜鸿铭在交谈中也谈及胡适的这位老师。

"你研究过美国哲学的现代进展吗?"毛姆问。

辜鸿铭用嘲讽的语气说道:"你是说实用主义?这是那些想要信不可信之物的人最后的庇护所。我对美国石油比对美国哲学更有兴趣。"

1921年,日本著名小说家芥川龙之介来到中国,也拜访了辜鸿铭。在辜鸿铭那个衰败的庭院里,芥川龙之介说不定还能听到毛姆刚离开的脚步声。对于此次见面,辜鸿铭要客气许多。芥川龙之介说,辜府"地铺草席"(这是对毛姆"没有地毯"观察的补充),"不失萧散可爱",辜鸿铭容颜略似蝙蝠。在谈话过程中,辜鸿铭的女公子也和上次一样跑了出来,"先生颇满足,微笑视之",芥川龙之介"略感伤,唯凝望女公子而已"[1]。稚嫩和苍老的对比,深深地触动了芥川龙之介和毛姆。

张中行认为辜鸿铭怪异的言行,有些佯狂成分,那是大缺

---

[1] 芥川龙之介:《中国游记》,施小炜译,浙江文艺出版社2019年版,第181页。

点，但有些源于愤世嫉俗，也有可爱的一面。这可爱还可以找到更为有力的理由，它是鲜明的个性或真挚的性情的显现。

上世纪四十年代的张中行，进入椿树胡同的一处院落，"看到地大而空旷，南行东拐，北面是小花园。花园尽处是一排平敞的北屋，进屋，布局显得清冷而稀疏"。张中行感到奇怪，问主人，他说原是辜鸿铭的住宅。

六 关于纳博科夫的另一种解法

一

人世间的绝大部分作家(少数文豪除外),甚至是著作等身的作家,都免不了一种相同的命运:当他无数次被人阅读,被人回忆起时,人们谈论的其实只是他的一两部代表作,至于其他作品,不管作者本人认为写得多精彩多用心,往往沦为陪衬的角色,长久地被遗忘在冷板凳。

比如,当我提起纳博科夫时,你脑中想起的一定是他那本惊世骇俗的《洛丽塔》,而很少有人知道,他曾经于1938—1939年间,用心写过一部长篇小说《塞巴斯蒂安·奈特的真实生活》。

纳博科夫生于俄国圣彼得堡市一个贵族家庭,从小受到良好的教育,光仆人就是好几十人,上学是私人司机开车接送。1919年,全家为了躲避俄国革命而流亡欧洲,他的人生轨迹开始发生剧烈转折。1937年至1940年间,纳博科夫在纳粹入侵之前的法国定居,当时生活条件极为艰苦,他只能在卫生间里写作(这和他早年的贵族生活真是天差地别)。《塞巴斯蒂安·奈特的真实生活》就是他在法国住所的卫生间里用英语写的第一部长篇小说。

光这一点，就很有象征意义。那意味着，纳博科夫也许已经意识到长久的流亡使他不再有机会回到魂牵梦绕的故乡，他不得不选择用英语写作，才能在欧洲打开市场，安身立命。而《塞巴斯蒂安·奈特的真实生活》正是他尝试跨出的第一大步，也是他与过去的自己告别的一大步。

在我看来，论艺术手法的奇特与高明，《塞巴斯蒂安·奈特的真实生活》要盖过后来也用英语写作的《洛丽塔》。另一方面，纳博科夫也是在写完《塞巴斯蒂安·奈特的真实生活》这本书之后不久，就开始构思《洛丽塔》。用他自己的话说："最初感觉到《洛丽塔》的轻微脉动是在1939年末或1940年初，在巴黎，急性肋间神经痛发作、不能动弹的那个时候。"

所以，我也相信，通过《塞巴斯蒂安·奈特的真实生活》这根管道，我们可以很好地理解在文字层层叠叠的包裹下，纳博科夫那颗隐秘的心灵。

二

在小说中，主人公塞巴斯蒂安·奈特是一位英籍俄裔作家，他行踪隐秘，特立独行，以擅长写"研究小说"著名，但不幸英年早逝。也就是说，塞巴斯蒂安·奈特一出场，就是一个死者的角色。全书从始至终弥漫着浓郁的回忆气氛。

故事的第一人称叙述者V是塞巴斯蒂安同父异母的弟弟，为了反驳传记作者古德曼对已故哥哥的歪曲，他决心为哥哥写一部传记。然而，他对哥哥并不完全了解，加之缺少文学创作经验，写传记有一定困难。他仔细研究了哥哥的作品和少量遗留文件，走访了为数不多的知情人，力图追溯哥哥生前的踪迹，特别是解开两次恋情之谜。随着故事情节的展开，一个有才华、有个性、有怪癖的小说家形象呈现在读者面前，而叙述者本人也在调查和写作过程中思考人生，思考文学创作，成为书中的另一个主人公。

《纳博科夫传》作者布赖恩·博伊德认为，与纳博科夫的其他小说不同，《塞巴斯蒂安·奈特的真实生活》把它的构思活动完全暴露出来，就像一个龇牙咧嘴的魔术师在使用X射线一样。小说的趣味在于其滑稽受挫的叙述。

小说，是虚构的艺术。而狡猾的纳博科夫耍了一个花招。他仿佛是构建了一个真假参半的城堡（真的部分很真，有自传意味），又故意模糊了连接真假构件的卯榫结构，然后邀请读者过来参观，他自己又偷偷地躲了起来，在黑暗中发出笑声。

他明白地告诉读者，故事是虚构的，可虚构的又是"真实生活",而这种"真实生活",是被另一个同样是虚构的人找寻出来、叙述出来的。这种"叙述的叙述""虚构的真实",又能到达多大程度的真实?

对于我来说,在这部奇怪的小说之中找出作者暗藏的真实信息,就成为最大的诱惑。尤其是,这本书是借用主人公弟弟的口吻叙述的。

三

纳博科夫出生于1899年,每忆及此事,总让他倍感欣喜。

1899年,刚好是普希金一百周年诞辰,当时,俄国正在大张旗鼓地开展纪念普希金的活动。往上追溯,纳博科夫祖上与普希金还能扯上一点关系。这是纳博科夫对1899年感到荣耀的最主要原因。这种优越感,对年少的纳博科夫来说,是根深蒂固的。与此同时,世纪末的最后一年,还带给他某种神秘的暗示。

在《塞巴斯蒂安·奈特的真实生活》开头部分,纳博科夫在保留1899年年份不变的前提下,修改了自己的出生日期(纳博科夫出生于1899年4月23日),而把小说中的塞巴斯蒂安·奈特设置为1899年12月31日出生。这既保留了荣耀,又把世纪末的神秘暗示扩大到极致。可谓真真假假、用心良苦。

纳博科夫是家中长子，全家人对他十分宠爱。他在回忆录《说吧，记忆》里写道："我十岁的时候，男女家庭教师就知道，上午是属于我自己的（捕捉蝴蝶时间），于是都小心地避开。"

纳博科夫出生后没过几个月，他的母亲叶莲娜又怀孕了。叶莲娜有些神经质，而此时她的父母，也就是纳博科夫的外祖父母同时病重，让她身心交瘁。在如此局面之下，1900年3月，纳博科夫的弟弟谢尔盖出生。因此，后来她的夫兄推测，谢尔盖的问题（严重口吃，怕羞，早年很恨母亲）恐怕是跟这段时间的焦虑有关。

纳博科夫和谢尔盖，类似蝴蝶和茧的区别，是两个截然相反的形象。纳博科夫，阳光、英俊、自信，爱做恶作剧；谢尔盖，灰暗、口吃、羞涩，甘愿当纳博科夫的小跟班。

兄弟俩是如此的不同。纳博科夫在回忆录里承认自己"喜欢吵闹，爱冒险，有点横行霸道"，而谢尔盖"安静而无精打采"。两人对音乐的态度也是截然不同的。纳博科夫承认自己没有一点音乐细胞，听音乐是一种痛苦，而谢尔盖从十岁时就开始对音乐感兴趣，上无数堂音乐课。当他在楼上一架钢琴上弹奏歌剧片段时，纳博科夫就会"悄悄走到他的背后捅他的肋骨"，纳博科夫接下来写道——他没写谢尔盖如何受惊，只是念念不忘自己被音乐骚扰的痛苦——"一段痛苦的回忆"。

心性不同，形于肢体的语言也就不同。8岁的纳博科夫，戴着领带，下穿一双油亮的皮鞋，坐在一张藤椅之上，跷着二郎腿，腿上摊着一本打开的蝴蝶标本册，里头装满了他用心从湖泊、高山、森林那里收集过来的藏品。年少的纳博科夫微微向左扭头，骄傲自豪地看着镜头，也看着百来年之后的我们。这是一张拍摄于1907年的照片。

而少量存世的谢尔盖照片（我们看到的几乎都是他与家人的合照），是完全不同的面相。

有一张拍摄于1901年的兄弟俩合照，纳博科夫认为："看起来像有头发和没头发的同一个婴儿。"其实不然，在我看来很好区分。两岁的纳博科夫目光炯炯有神，甚至有一点凶悍，而1岁的谢尔盖看上去有些不安与不自然，身体坐得很正。纳博科夫微微侧身，用右手抓住谢尔盖的左手，这既像一种保护又像一种占有。

在之后的几张合照里，谢尔盖都习惯躲在照片的边上。在1907年的一张合照里，他笔直地站在家庭女教师的身边，显得十分拘束，而另一边的纳博科夫则是交叉双腿，歪歪扭扭地站着，整个身体靠在家庭女教师的身上。

还有一张拍摄于1909年的合照很能说明问题。谢尔盖站在照片的左边，左手横在腹部，右手托着下巴，帽子的前檐遮住一大半眼睛，依旧是一副拘谨的样子，而边上的纳博科夫双手叉在腰间，以一种很有攻击性的姿态站立，直视着拍照片的人。

我们能看到的谢尔盖最后的形象，是一张拍摄于1918年的合照。照片上的纳博科夫英俊，开始散发出酷酷的青春期气息，而边上的谢尔盖面容显得模糊，纳博科夫解释：因为照片的瑕疵而影响了谢尔盖的面容。这张拍坏的照片也似乎暗示了谢尔盖之后的悲惨命运。

纳博科夫把自己与谢尔盖之间的疏离感写入《塞巴斯蒂安·奈特的真实生活》，或许为了增强这种疏离感，他在小说里把V设定为比塞巴斯蒂安·奈特小6岁的同父异母弟弟。

纳博科夫在这部小说里写道："他一晃肩膀，把我推开，但仍不转身，仍像往常那样不和我说话，对我还是那样冷漠……他从来不承认我对他的亲情，也从来不培育这种亲情。"

年少的纳博科夫与谢尔盖的情感，在一次事件之后，发生了微妙的变化。纳博科夫在回忆录《说吧，记忆》第十三章写道：

> 出于各种原因，我发现我讨论我的另一个弟弟（指谢尔盖）是极端困难的……我们上的是不同的学校；他进了父亲以前念的高中，穿正规的黑色校服，在十五岁时他添加了一点不合法的修饰：鼠灰色的鞋罩。大约那个时候，我在他书桌上发现并读了他的一页日记，出于愚蠢的惊讶，我给家庭教师看了，他立即把它给父亲看了，这页日

记意外地在回顾时澄清了他的那些古怪行为。[1]

一段遮遮掩掩的描写。事情的真相是,纳博科夫意外地发现谢尔盖是同性恋。这让他非常震惊。

谢尔盖之后的命运是,1919年之后,他与纳博科夫一起流亡欧洲,一起进剑桥大学读书。毕业后,谢尔盖搬到了巴黎,以教英语和俄语为生,很难想象口吃严重的谢尔盖在异国他乡当家庭教师是怎样一副模样。而纳博科夫搬到了柏林,同样以教英语和俄语为生。

纳博科夫在回忆录《说吧,记忆》第十三章继续写道:

> 我们于一九三〇年代在巴黎重逢,从一九三八年到一九四〇年保持了亲切友好的关系。他常常到我和你以及我们的孩子在布瓦洛街租住的两间破旧的房间来聊天,但是碰巧(他离开了一段时间)他在我们离开巴黎去美国以后才得知我们已经离去。我最凄凉的回忆是和巴黎联系在一起的,离开这个地方我感到莫大的宽慰,但是他不得不向一个冷漠的看门人结结巴巴地表示他的惊诧,这使我感到难过。我对战争时期他的生活很不了解。有一段时间他受

---

[1] 纳博科夫:《说吧,记忆》,王家湘译,上海译文出版社2019年版,第346页。

雇于柏林的一个机关做翻译。作为一个坦率而无畏的人，他在同事面前批评那个政权，他们控告了他。他被捕了，被指控是个"英国间谍"，送到汉堡的集中营，并于一九四五年一月十日因营养不良死在了那里。他的人生是那些无望地要求得到迟来的什么东西的人生中的一个——同情、理解，不管是什么——仅仅承认这样一种需求是不能代替这些东西，也是无法加以弥补的。[1]

文中最后一句非常绕口，像一只笨重的甲虫在飞行时绕了一个很不自然的大弯。其实也是纳博科夫对弟弟谢尔盖的复杂感情。

四

作家刘禾写过一本很好玩的书，书名叫《六个字母的解法》。整本书的结构主线，是考证纳博科夫自传《说吧，记忆》里一个化名"奈斯毕特"（NESBIT）的人物原型。这本书的写作手法，是戏仿《塞巴斯蒂安·奈特的真实生活》的侦探小说风格，读起来非常有趣。刘禾在书中提到了《塞巴斯蒂安·奈特的真实

---

[1] 纳博科夫：《说吧，记忆》，第347页。

生活》这部小说。

塞巴斯蒂安，在小说里是哥哥 S，讲故事的人是弟弟 V，这种安排刚好把弗拉基米尔(Vladimir)和谢尔盖(Sergey)在生活中的兄弟关系颠倒过来。刘禾认为，如此曲笔，其中隐含的，恰恰是纳博科夫擅长的字母游戏。为了搞清楚纳博科夫的把戏，她就在纸上画了一个草图，草图如下：

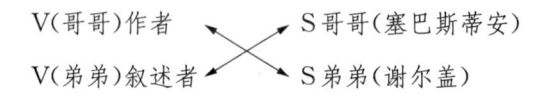

$$V(哥哥)作者 \quad\quad S 哥哥(塞巴斯蒂安)$$
$$V(弟弟)叙述者 \quad\quad S 弟弟(谢尔盖)$$

有一天下午，刘禾在草图上随手乱画，忽然，一个潜在的线条让她激动起来，她让其中一条线旋转，直到它与另外一条线重叠，那么作者纳博科夫就与小说叙述者 V 合二为一，S 与 S 重合。生活中的哥哥，置换为小说中的弟弟。草图如下：

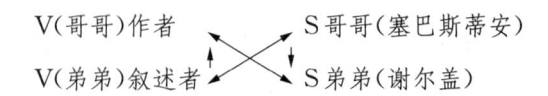

$$V(哥哥)作者 \quad\quad S 哥哥(塞巴斯蒂安)$$
$$V(弟弟)叙述者 \quad\quad S 弟弟(谢尔盖)$$

刘禾盯着这条线看了好一会儿，心中蓦地一惊，简直不敢相信眼前的事实，她得出了一个惊人的结论：S 哥哥(早逝)＝谢尔盖 S。

这个意外的发现让刘禾不由得打了一个冷战，原来一个关于谢尔盖早逝的预言（纳博科夫写这部小说时，谢尔盖还在世），深深隐藏在小说当中！不过，刘禾不认为，这是纳博科夫有意为之。

他为什么要诅咒自己的弟弟呢？很可能，作家自己也未必意识到文字的潜力来自何方。倘若纳博科夫真正意识到这一点，他还敢那么轻松地操控文字吗？这一类预言接近占卜术，古人占卜使用的是一种符号技术，当然离不开文字和数字。

然而，几年后，那个可怕的预言在真实生活应验了。[1]

五

这真是一个脑洞大开的解读。但是，坦率地说，我认为这是刘禾的过度解读，离纳博科夫真正要表达的相去甚远。

首先，散文和小说两种文体有着最本质的区别。散文写作，是要做到真实真诚地记录，尤其是回忆录，更是要毫不掩饰自己的内心成长史，进行自我剖析，从而对人生价值提出指

---

[1] 刘禾：《六个字母的解法》，牛津大学出版社2013年版，第192页。

导观点。而小说,本质是一种虚构,众所周知,小说中的"我"并不完全是真正的作者"我",同样的,小说中的弟弟,也不完全是现实世界中作者的弟弟。在两者之间不能画等号。小说中的"我",可以扭曲、变异、隐藏,其他人也是同样的道理。

纵观纳博科夫的回忆录,他对年少的弟弟,也许有过刻薄的对待,但是到了流亡时期,两人可谓是感情真挚,虽然,纳博科夫从始至终不能理解弟弟谢尔盖的感情生活,但是早已不再有恶意。而谢尔盖最后的悲剧,是时代造成的,被裹挟其中的当事人,包括纳博科夫在内,都是无能为力的。

但是,到了小说,那就是另一码事了。对创作自由的纳博科夫来说,根本没有刘禾所说的"诅咒"顾虑。在《塞巴斯蒂安·奈特的真实生活》里,也有一个可以驳斥刘禾的例子,因为在小说里,纳博科夫也把主人公的母亲写死了。要知道,当时纳博科夫写这部小说时,他的母亲还在世呢。

众所周知,纳博科夫深受母亲的疼爱。如果是要"对应"的话,纳博科夫也太大逆不道了。

再者,我们在读小说时很容易会意识到,小说里早逝的正是身为作家的哥哥塞巴斯蒂安。如果说真要诅咒,纳博科夫要诅咒的反而是自己!而实际上,对纳博科夫来说,小说里哥哥弟弟的角色本身其实并不重要,那只是一个标签,他要探讨的是过去或者说真实难以企及的主题。

再往深里说，对跨越大江大海的纳博科夫来说，死亡也并不是我们传统意义上的死亡，而是划向永恒的船只。何以这么说？

纳博科夫在回忆录《说吧，记忆》的开篇就写道：

> 摇篮在深渊上方摇着，而常识告诉我们，我们的生存只不过是两个永恒的黑暗之间瞬息即逝的一线光明。尽管这两者是同卵双生，但是人在看他出生前的深渊时总要比看他要去的前方的那个（以每小时大约四千五百次心跳的速度）深渊要平静得多。[1]

在回忆录第一章的最后部分，纳博科夫对父亲有一段刻骨铭心的回忆。那一天，纳博科夫正在吃饭，他的父亲刚好被村民叫去帮忙调解纠纷，他的父亲很快就帮村民解决了难题，然后被村民高高地抛起，这一幕被纳博科夫透过窗子看到了。

> 有一小会儿，父亲身穿被风吹得飘起的白色夏季西服的身影会出现，在半空中壮观地伸展着身体，四肢呈奇怪

---

[1] 纳博科夫：《说吧，记忆》，第3页。

的随意姿态，沉着英俊的面孔向着天空。随着看不见的人将他有力地向上抛，他会像这个样子三次飞向空中，第二次会比第一次高，在最后最高的一次飞行的时候，他会仿佛是永远斜倚着，背衬夏季正午钴蓝色的苍穹，就像那些自在地高飞在教堂穹形天花板上的、衣服上有那么多的褶子的天堂中的角色，而在它们下面，凡人手中的蜡烛一根根点燃，在烟雾蒙蒙中微小的火焰密集成一片，神父吟诵着永恒的安息，葬礼用的百合花在游弋的烛光下遮挡住躺在打开的灵柩中的不论什么人的脸。[1]

我们会无比惊叹于纳博科夫对父亲的这段描写：从父亲荣耀的时刻直接切换到葬礼，这个蒙太奇那么诡异又那么自然。纳博科夫为什么要这么写？我想，一定是纳博科夫想让自己的父亲可以在死亡中得到永恒。流亡的失去故土的人，对此有切身的体会。

回到谢尔盖的话题。话又说回来，纵然是小说，有时里头也会有意无意渗透出作者真实的情感。在《塞巴斯蒂安·奈特的真实生活》结尾部分，塞巴斯蒂安在弥留之际写信给 V，信中写道："由于这样或那样的原因我在生活历程中曾忽视了它们。比

---

[1] 纳博科夫：《说吧，记忆》，第 17 页。

如说,我想问问你这些年都在做什么,也想给你讲讲我自己的情况。"

这句话,读来让人动容。

七

曼德尔施塔姆：时代的喧嚣，我曾握过

一

俄罗斯白银时代著名诗人曼德尔施塔姆(1891—1938)(后文简称曼氏)过早秃头,所以总能感受到"一阵寒冷掠过头顶",他在写给妻子的一首诗中就如此写道。看他留存于世的不多的照片,深邃的眼神在浓浓的眉毛和光光的脑门映衬之下,除了带给我们寒冷之外,更多的是深深的不安。

曼氏感受到的"掠过头顶的寒冷",是整个喧嚣时代的象征。曼氏夫人认为,我们可以从曼氏1920年代的诗中看出,他从未怀疑一个新时代已随着革命到来,他说,"我们时代脆弱的秒表已临近停顿",旧时代只剩下一个声音,尽管"时间的来源消失了"。接着,是那个时代作为一头脊骨折断的野兽,它盯着自己的足迹。在这些诗中,他要么直接,要么间接地谈到他自己在新生活中的位置,而在《石板颂》中,他称自己是"一个两面派，有两颗灵魂"[1]。

这是一个怎样的时代？曼氏在 1923 年的《人道主义与当代》中写道："常有这样的时代，它们宣传，它们无暇顾及人，它们需要像利用砖石、水泥那样利用人，需要用人来建设，而不是为了人而建设。社会的建筑系以人的规模来测量。有时，社会的建筑会与人敌对，会以人的屈辱和渺小来培养自己的伟大。"[2]

人是衡量社会结构的尺度，人道主义是人与人之间流通的"黄金货币"，"等它们的时辰一到，就会像一枚流通的、哗啦响的硬币，穿梭在一只又一只的手里"。在缺乏人道主义的时代，却让他感到一股压力。"众人皆能感受到不断前行的社会建筑之形式的宏伟。尚未见到高山，可高山已将其阴影投向我们……我们不知道，这是迫近的夜的翅膀呢，还是我们应当步入的故乡城的暗影。"[3]

时代是兽，是高山，可是当它压过来的时候，就变成一把锋利的刀子，砍下曼氏，"如同切掉足踝"。

---

[1] 曼德尔施塔姆：《曼德尔施塔姆诗选·石板颂》，黄灿然译，广西人民出版社 2015 年版，第 107 页。
[2] 曼德尔施塔姆：《曼德尔施塔姆随笔选》，黄灿然译，花城出版社 2010 年版，第 120 页。
[3] 曼德尔施塔姆：《曼德尔施塔姆随笔选》，黄灿然译，花城出版社 2010 年版，第 121 页。

自 1925 年到 1930 年底，曼氏整整五年没有写诗，却在这段时期里转向了散文随笔写作，写下回忆录《时代的喧嚣》，北岛认为，这段时期曼氏的散文写作，"可以看作是一种精神调整，即在个人与革命之间寻找缓冲地带"[1]。

在回忆录《时代的喧嚣》里，曼氏最关心的仿佛是文学之外的社会事件，也较少提到自己，着力写到的几个人物，其实算不得那个时代的风云人物，皆是"无名之辈"。曼氏写道：

> 我想做的不是谈论自己，而是跟踪世纪、跟踪时代的喧嚣和生长。我的记忆是与所有个人的东西相敌对的。如果有什么事与我相干，我也只会做个鬼脸，想一想过去……在我和世纪之间，是一道被喧嚣的时代所充斥的鸿沟。[2]

曼氏想藏起自己，却又要指出在他身处的时代，每一位正直的人的应对之道。与自己有关的，他就装成一副轻松的样子，"做个鬼脸"。不过，曼氏显然会意识到，他还是低估了那个喧嚣时代滚滚而来的碾压之力。正如他在《时代的喧嚣》开头部分

---

[1] 北岛：《时间的玫瑰》，中国文史出版社 2005 年版，第 63 页。
[2] 曼德尔施塔姆：《时代的喧嚣》，敦煌文艺出版社 2014 年版，第 56 页。

写道："我清楚地记得俄罗斯那沉闷的时代，即19世纪90年代，记得它缓慢地爬行，它病态的安宁，它深重的土气——那是一湾静静的死水：一个世纪最后的避难所。"[1]它"缓慢地爬行"，其实是时代列车呼啸之前的蓄劲与热身，它"病态的安宁"，其实是诗人可怕的错觉。

二

曼氏出生于犹太家庭，不过他马上发现，父亲将自己带进了一个"完全陌生的世纪，一处遥远的环境，但无论如何，这并非一个犹太式的环境"。在大时代的冲刷下，曼氏感到的这种不安，也深深地影响着曼氏的父辈。

> 父亲则完全没有一种语言。这是一种口齿不清和失语症。一个波兰犹太人的俄语？——不是。一个德国犹太人的语言？——也不是。也许，是一种特殊的库尔兰口音？——那样的口音我没听到过。一种完全抽象的、深思熟虑的语言，一种自学而成的过于华丽、富有技巧的话语，在那里，通常的字眼与赫尔德、莱布尼茨和斯宾诺莎

---

[1] 曼德尔施塔姆：《时代的喧嚣》，第3页。

等人的古老的哲学术语结合在一起,一个研究犹太教的书呆子的古怪句法,一种做作的、不是总能说到底的句子——这样一种东西随便算做什么都可以,却不是一种语言,无论是用俄语还是用德语道出,均是如此。[1]

曼氏敏锐地发现,不单单是自己的父亲如此,他身边许多人也是"口齿不清"。

> 家庭想说什么?我不知道。家庭天生就是口齿不清的,然而它却有些话要说。我和许多同时代的人都背负着天生口齿不清的重负。我们学会的不是张口说话,而是呐呐低语,因此,仅仅是在倾听了越来越高的世纪的喧嚣、在被世纪浪峰的泡沫染白了之后,我们才获得了语言。[2]

"我和许多同时代的人都背负着天生口齿不清的重负。"我怀疑曼氏很有可能就是口吃的。这从他的家庭成长环境、感受到的时代压力,与他写下的文字可以推断出来。

曼氏对文字的发音非常着迷,他总是从发音的角度去写

---

[1] 曼德尔施塔姆:《时代的喧嚣》,第24页。
[2] 曼德尔施塔姆:《时代的喧嚣》,第56页。

作、解读经典文本。曼氏是一位声音诗人，诚如他自称的："我没有手稿，没有笔记，没有档案。我不用手写，因为我从不写。在俄罗斯，只有我一个人用声音工作，而周围全是一些低劣者的乱涂乱抹。"我们可以从曼氏的诗歌声音活动中，读出俄罗斯的土地、欧洲文学传统、斯大林的恐怖政治，它们如纷纷扬扬的大雪，一层一层地持续堆积着。

他的文字之中也布满各种窸窸窣窣的呢喃之音，这种类似保护色的做法，是他的另一种"鬼脸"。从字面上读来，这也是一种心理补偿，是孩子们自尊的表达，这让他感到舒服。

曼氏甚至认为，这种不正常的、低语的声音，有时比正常的声音，更真实更生动，也更接近本质。"一个历史时代终结时的抽象概念，总是要发出臭鱼的味道。俄语诗歌那恶毒、欢乐的低语声要更好一些。"[1]他在评价一位女演员时说："戏剧过去、将来都将靠人类的声音而存活。彼得鲁什卡（俄罗斯民间木偶戏中的一个角色）用铜片抵着上颚，以改变声音。较之于卡门和阿伊达，较之于朗诵的猪拱嘴，彼得鲁什卡更为出色。"[2]

据同时代作家娜杰日达·帕夫洛维奇回忆，1920年，刚从白军监狱回到列宁格勒的曼氏在诗人俱乐部朗诵了一首关于威

---

[1] 曼德尔施塔姆：《时代的喧嚣》，第62页。
[2] 曼德尔施塔姆：《时代的喧嚣》，第58页。

尼斯的诗，众人都被曼氏朗诵诗歌的样子吸引：

> 曼德尔施塔姆便开始唱歌似地朗诵，并轻微地随着诗歌的节奏晃动。勃洛克和我并肩而坐。他突然轻碰我的衣袖，眼光指着奥西普·叶米利耶维奇的脸。我从未见过一张人类面孔这样被灵感和忘我所转化。曼德尔施塔姆那张普通、不显眼的脸，已变成先知和预言家的脸。亚历山大·亚历山德罗维奇也为之震惊。[1]

据《人，岁月，生活》的作者爱伦堡回忆，曼氏喜欢用"男低音唱颂歌"[2]。

用唱歌似的方式朗诵，并轻微地随着诗歌的节奏晃动，恰恰就是口吃者最常见的表达方式。因为这样有助于表达。我在口吃严重时，就是用唱的方式，手指在裤兜里打节拍，才能说出一句完整的话。口吃者在说话时，面部表情会特别生动，曼氏应该是注意到了这个细节，所以，他在《论但丁》文章中写道："诗的内在形式是与那位说话和感受情感的叙述者脸上掠过的

---

[1] 曼德尔施塔姆：《曼德尔施塔姆诗选·译后记》，黄灿然译，第305页。
[2] 伊里亚·爱伦堡：《人，岁月，生活》（第2部），人民文学出版社1979年版，第144页。

无数表情变化分不开的。"[1]

他认为,"但丁似乎小心研究过所有言语缺陷,细心倾听口吃者和口齿不清者,倾听带鼻音的方言和吐字不清的发音,并从中获益匪浅","唇音形成了某种'编码的男低音'——持续男低音——也即和声的和音基调",再加上拍击声、吸吮声和口哨声,以及各种齿音,为《神曲》里的犹大层和该隐层的听觉风景,"培养了水晶"[2]。在我看来,一个不口吃的人是很难找到这种奇怪的角度解读但丁的。

当然,我们也切不可被曼氏笔下"口吃""口齿不清""低语"的表层叙述迷惑,就像曼氏在诗中常用的"陶罐"意象,陶罐的形状只是表象,其核心取决于陶罐究竟容纳了什么内容。"象征就是容器,每一件延伸进入的神圣范围中的物体都可能成为容器,因此,也就都可能成为象征。"[3]

实际上,一个口吃的、不能自由表达的人,是不会真心说自己喜欢这种独特的、有着所谓"自尊"的表达方式。这其实是在禁锢的大环境下,对自己"舌头"的另一种不得已的"管辖"。

曼氏当然能痛苦地意识到,"口吃""口齿不清"等词语,

---

[1] 曼德尔施塔姆:《曼德尔施塔姆随笔选》,第283页。
[2] 曼德尔施塔姆:《曼德尔施塔姆随笔选》,第328页。
[3] 曼德尔施塔姆:《时代的喧嚣》,第116页。

是一个时代的通病。正如布罗茨基在形容与曼德尔施塔姆同时代的安娜·阿赫玛托娃时所说,正是这震耳欲聋的世界大事背景的雷声,使这位年轻诗人(指阿赫玛托娃)的私人颤音变得更加易辨认和有活力。再次,在这个意义上,这个诗歌生涯的开始,包含了对它要经历的半个世纪历程的预言。使预言感加强的是,对当时俄罗斯人的耳朵来说,那世界大事的雷声混合了象征主义者们无休止且颇无意义的闪烁其词。最终,这两种声音都收缩了,并合并成新时代那充满威胁的无条理的嗡嗡声,而阿赫玛托娃注定要在其余生针对这嗡嗡声发言。[1]

但是,曼氏也说过:"任何一个词都是一捆,意义是从它的各个方向伸出,而不是指向任何划一的正式的点。"[2] "口吃""口齿不清"等词语,是一个时代的通病,也是某种象征、隐喻与反讽。当它们被曼氏一一捕获、书写下来时,它们之间反讽、矛盾的意义,却是如此诡异地统一在词语的内部,如同原告和被告裹着同一件披风,并肩立于风雪之中。

三

1913年,曼氏第一本诗集《石头集》出版,据说这本诗集从

---

[1] 约瑟夫·布罗茨基:《小于一》,黄灿然译,浙江文艺出版社2018年版,第31页。
[2] 曼德尔施塔姆:《曼德尔施塔姆随笔选》,第296页。

题名到意象都与丘特切夫的诗句有关。曼氏在《阿克梅主义的早晨》一文中写道：

> 但丘特切夫的石头，"从山上滚下，在山谷静卧，像是自己滚下，又像是被一只思维的巨手推下"——这则是词。在这意外的坠落中，物质的声音如清晰的话语一般响起。只有建筑能够回答这一召唤。阿克梅主义者虔诚地搬起隐秘的丘特切夫的石头，并将他立为自己大厦的基础。
>
> 石头仿佛渴望另一种存在。它自己发现了自身中潜藏的动能——像是在追求"十字形拱"——加入了与其同类的欢快的相互作用。[1]

布罗茨基说，曼氏抑扬格的节奏如同"鹅卵石"般自然，读曼氏在《石头集》中所运用的严谨格律，能让人清楚地想到普希金以及普希金诗群。此时，我一边读着曼氏的译本，一边诅咒自己对俄语的一无所知，耳边响起曼氏在读但丁时发出的那句叹息："作为外国人，我们很难穿透外国诗歌的终极秘密。我们不能成为评判，我们没有最后发言权。"[2]

---

1 曼德尔施塔姆：《时代的喧嚣》，第89页。
2 曼德尔施塔姆：《曼德尔施塔姆随笔选》，第315页。

翻译也许是一门有磨损的遗憾手艺，但是，我们也不用太悲观。纵使如此，在力所能及的范围，我们也能发现那种只有本地人耳朵才能完全领略的迷人韧性。

曼氏笔下的"石头"和"词"相似。它是基石，可供建筑，俄罗斯可以站在石头上，它也是容纳万物的器皿。曼氏相信，"词语"和"石头"一样，都有其重量，可重量之中也隐藏着"内在意念"或潜在可能性，而他要做的，就是"使美在残忍的重量中升起"[1]，也就是在这样的背景之下，曼氏才会肯定，"石头"／"词语"是能与自然相对峙，甚至能战胜权力、生命、时间与空间。

曼氏笔下的"石头"，固然有布罗茨基读出的"鹅卵石"般的明亮与"自然"，但是无论如何，"石头"自身所带的重量，却又是不能忽略不计的，并且它还在时时刻刻地提醒着读者，它一直存在着，所以，曼氏才会在"美在残忍的重量中升起"前加了一个"使"字。

当然，曼氏将"轻重"拿捏得很好，正如他在一首诗中所云，"沉重与轻柔，相像的姐妹／……缓缓的／漩涡中，沉重而轻柔的玫瑰"。

"沉重"与"轻柔"，这组矛盾的意象如何能共存？举一个

---

[1] 曼德尔施塔姆：《曼德尔施塔姆诗选·巴黎圣母院》，黄灿然译，第37页。

现实的例子，看太极高手行拳，身形行云流水，左顾右盼，是谓"轻柔"，而步伐又是稳稳当当，蓄劲于丹田，可谓"沉重"，两者确实能和谐并存于一名太极高手的身体中，如同藏身于一朵玫瑰之中。细细品读，曼氏笔下的石头，也有如此味道。

四

读到"石头"和"玫瑰"，你一定会想起写下那句著名诗句"是石头要开花的时候了"的保罗·策兰吧？

曼氏和策兰，两人有太多的相似之处：他们都是犹太人、苦于流放，艰难生存，都是译诗者，同样遭受过剽窃冤案。1957年，策兰购买了曼氏诗集，并开始着手翻译曼氏诗歌，策兰形容这次"相遇"，是"一种不可剥夺的真理的印象"。自此，经过几十年的时光流淌（曼氏早已冻死在集中营），曼氏笔下的"石头""玫瑰"等诸多意象和策兰笔下的，开始叠加。

北岛在《时间的玫瑰》里说："在策兰的诗歌符号中，石头是沉重而盲目的。"[1] 然后句子如石头一样戛然而止，笔锋转向另一个方向。北岛这句话其实说得并不全面，因为他有意或无意忽视了策兰的犹太人背景。石头、石板对犹太教来说，有

---

[1] 北岛：《时间的玫瑰》，第150页。

独特意义，如果说，它们确实是"沉重与盲目"，但目的为何？我们也许可以说，是为了"沉重而盲目"地见证着策兰叩问的犹太意识，通过犹太意识，也理所当然通向整个人类的生存意识。

读策兰，尤其是后期的诗，其冷峻、晦涩让人绝望。可是，如果我们通过他爱用的几组意象，找到他摆渡的船，力所能及地读懂他的几首诗，到达他用语言栅栏圈出的国度。那时，我们的内心，一定会感动得战栗。

举一个例子。策兰出生于说德语的犹太人家庭，策兰是想知道，大劫难之后，继续用德语写作的可能，以及在德国发表作品是何等感觉？在此过程中，策兰也受到外部的质疑，比如，马丁·布伯明显表示异议，说在德国发表作品，并对德国抱原谅态度是相当自然的。

有一半犹太血统的德语哲学家阿多诺说过："奥斯威辛之后写诗是野蛮的。"[1] 学者赵勇梳理这句话的前因后果之后认为，阿多诺在论述时，诗歌也并没有入他的法眼。有资料显示，阿

---

[1] 这句话最初出现在《文化批评与社会》，后来被收入《棱镜集》（1955 年），因为饱受争议，阿多诺生前不得不对这句话反复解释。见赵勇：《艺术的二律背反，或阿多诺的"摇摆"》一文，文章收录赵勇：《法兰克福学派内外》，北京大学出版社 2022 年版。

多诺写下这句名句时，很有可能没有读过策兰的成名作《死亡赋格》[1]。阿多诺只是以局部"写诗"代替整体"文化"。

赵勇认为，阿多诺的本意是指："奥斯威辛之后艺术创作的不可能性与文化的非正义性。"当文化已经充分野蛮化之后，艺术创作难逃野蛮的魔掌；另外，在阿多诺看来，这一说法本身并无问题，"因为它不仅不是禁令，而是还是对介入文学的一种鼓励"，"也隐含着他对奥斯威辛之后文学艺术何去何从、生死存亡的深刻关切"[2]。

学者赵勇的解读可谓有见地。但是，放在当时的语境，阿多诺的论述似乎太过晦涩；另外，当"名句"从整体语境里切出来时，往往会发生"异化"。事实上，这句话确实深深地伤害了策兰敏感的内心。策兰曾在诗集《换气》(1967)出版前后的一则笔记中写道："奥斯威辛之后不能写诗（阿多诺）：这里暗指哪一种'诗歌'观念？竟敢从夜莺与歌鸫的角度靠假设和推测去评论或描述奥斯威辛，这个人胆子真大，简直是狂妄至极。"

有人问精通多种语言的策兰，在战后怎么还用德语写作？策兰回答："一个人只有用母语才能说明自己的真相。在外语环

---

[1] 《死亡赋格》写于1940年代中期，1947年首次以罗马尼亚文发表，1952年，收入《死亡赋格》一诗的《罂粟与记忆》诗集在德国出版。《死亡赋格》发表和阿多诺写下名句的时间相近。
[2] 见赵勇：《艺术的二律背反，或阿多诺的"摇摆"》一文。

境下，诗人是在撒谎。"[1] 这就是策兰的宿命，而且德语也是他挚爱母亲的语言，通向对母亲的思念。

可是，不管怎样，策兰和在集中营杀死他双亲的德国兵说同一种语言。策兰用德语写作，类似金庸笔下的"七伤拳"，拳法固然迅猛，可是每一次出拳，都会给出拳者带来内伤。策兰像一手握着星光，另一只手握着"灰烬"（"灰烬"也是他爱用的词），伤心地走着夜路。这夜路他又不得不走，因为每一位杰出的作家，在有生之年，都不能停止他的写作。

这真是命运对其最大的嘲讽。策兰写母亲的诗，读来都极其悲怆感人。如《狼豆》中的一节：

> 妈妈。
> 妈妈，谁的
> 手，我曾握过，
> 当我携你的
> 言语去往
> 德国？[2]

---

[1] 约翰·费尔斯坦纳：《保罗·策兰传》，李尼译，江苏人民出版社2009年版，第49页。
[2] 《保罗·策兰诗选》，孟明译，华东师范大学出版2010年版，本章引用保罗·策兰的诗，皆是孟明译本。

语言是一只手。策兰这首用来纪念母亲的《狼豆》，收录在他的德语诗集里，再被德国人读到，比如说海德格尔；也难免被刽子手读到，也就是说，策兰也就难免"握"上了刽子手的手。"妈妈。妈妈，谁的手，我曾握过。"多么荒诞。

策兰曾在集中营铲石头，修路间隙，在艰苦的环境和极少粮食配给的情况下写诗。1947年，总计4万罗马尼亚犹太人逃往维也纳，策兰给走私者出了高价，经历一次危险的跨境逃亡。我们从他那篇神秘的散文体小说《山中会话》中也许可以猜出，他和其他流亡的犹太人躺在石头上过夜，绝望地看着神已不在的天空："我就躺在石头上，那时候，你知道，就睡在石板上；在我身旁，他们也躺着，另外一些人，他们跟我一样，那些人他们与我不同，却又完全一样。"

对于在集中营里挖过石头却无法给父母一块墓碑的策兰来说，"石头"早已经代表着无言的伤痛。如果一块石头真能开花，那么就必须会是"一场改变信仰的风暴"[1]。

按照时间的逻辑，假以时日，让石头持续风化到泥土的地步，是有可能开花的，但是策兰迟迟没有机会看到，正如他终究没能听到海德格尔的道歉。

---

[1] 约翰·费尔斯坦纳：《保罗·策兰传》，第60页。

"沉默""石头""嘴""杏眼""黑暗""雪"……诸多意象构成了策兰内心痛苦的版图。"石头"和"雪",在策兰这里,是无言的伤痛和见证,它们甚至比曼氏笔下的"石头""雪"更为沉痛。

在内心的煎熬之中,策兰的写作也变得"结巴"。

> 黑暗中的姐姐啊,去拿你治病的香膏
> 救治这漂白的生活和不能说话的嘴
>
> (《大陆》)

> 一张迟来的嘴……
>
> (《摘葡萄者》)

> 长着灵魂胡须,冰雹似的
> 眼睛,白砾石那样
> 结结巴巴的人
>
> (《向着黑夜的秩序》)

策兰在《密接和应》的诗中,甚至把欢呼词直接写成结巴,在《山中会话》中的饶舌,以及在 1958 年 1 月 26 日发表获奖感言中所说的:"我绕了一个弯子才来到这片风景。什么样的弯子呢？果真有弯子可绕吗？"都可以一并观之。

法国哲学家吉尔·德勒兹在《批评与临床》一书中扩大了口吃的表达范围，他把小说中主人公独特的穿鞋方式，换家具的方式，左右摇晃、前后颠簸、无法形容的走路姿势，都认为是一种口吃，是语言的一种多分支的变化。他在书中提到了曼氏。"别雷，曼德尔施塔姆，赫列勃尼科夫，俄国的三位一体，三倍的口吃，三次被钉死在十字架上"[1]。而与曼氏生活在同一片土地的约瑟夫·布罗茨基对此有更深的体会，他说，"记忆"也会"结结巴巴"，但是，"并不是坏事"[2]。

当然，把策兰也纳入吉尔·德勒兹书写的此种谱系，也是非常合适。

五

一个航海者在危机关头将一只密封的漂流瓶投进海水，瓶中有他的姓名和他的遭遇记录。许多年之后，在海滩上漫步的曼氏，发现了沙堆中的瓶子，他读了信。这是一种天意，诗的接受人就是一位"后代中的读者"。

---

[1] 吉尔·德勒兹：《批评与临床》，刘云虹、曹丹红译，南京大学出版社2012年版，第248页。
[2] 约瑟夫·布罗茨基：《小于一》，黄灿然译，浙江文艺出版社2018年版，第23页。

曼氏在《论交谈者》一文中提到了美丽而忧伤的漂流瓶，深深地打动了后来的策兰，策兰在文中也提到了漂流瓶。现在，我们又找到了策兰的漂流瓶，一再读他的信。正如策兰所云："谁的手，我曾握过。"

读漂流瓶中的信息，我们很容易意识到，诗人的告别也是他作品中很重要的一部分。我们读每一位杰出作者的作品，也在阅读他们的死亡。

1938年10月，在集中营劳动的曼氏给家人写了最后一封信，这很有可能也是他留给这个世界的最后文字。曼氏说："身体非常虚弱，弱到了极点，瘦极了，几乎变了形。我不知道，邮寄东西、食品和钱还有没有意义。还是请你们试一试吧。没有衣被，我被冻僵了。"

北岛在《时间的玫瑰》中写道：

> 策兰住在塞纳河米拉波桥附近，这桥因阿波利奈尔的诗而闻名。1970年4月20日左右，策兰从桥上跳下去，没有目击者。他的公寓门前的邮件堆了起来，吉瑟丽向朋友打听她丈夫是否出门了。5月1日，一个钓鱼的人在塞纳河下游七英里处发现了他的尸体。最后留在策兰书桌上的，是一本打开的荷尔德林的传记。他在其中一段画了线："有时这天才走向黑暗，沉入他心的苦井中。"而这一

句余下的部分并未画线:"但最主要的是,他的启示之星奇异地闪光。"[1]

策兰把自己变成一个漂流瓶,"沉入他心的苦井中"。"井"也是策兰爱用的意象。

策兰的告别太过匆忙。我更能接受策兰密友巴赫曼的小说中的告别。策兰在维也纳写的诗,大部分是写给巴赫曼,包括那首著名的《卡罗娜》。1971年,在策兰去世一年之后,巴赫曼在小说《马琳娜》里虚构了一个公主和一个陌生人的故事。这位陌生人来自东方,有着乌黑温柔的眼睛,声音极具说服力,穿一件长风衣。

公主问:"你一定要回到你的族人身边去吗?"

那陌生人回答说:"我的民族比世界上任何民族的历史更悠久,这个民族已经播撒在风中。"

死亡,是低语的诗人最大的语言卡壳,也是口吃的最后一次表现。

---

[1] 北岛:《时间的玫瑰》,第169页。

八 三岛由纪夫的内心深渊

——兼论《金阁寺》中口吃的纵火者

一

日本作家涩泽龙彦认为三岛由纪夫的小说是"观念小说"。涩泽龙彦口中的"观念小说"，不完全等同于曾流行日本的那个文学派别——"观念小说"。身为一个文学派别，"观念小说"其特色是批判现实，认定人的悲剧来自社会，属于主题先行的小说，其代表作家是川上眉山和泉镜花。

涩泽龙彦想说的是，三岛由纪夫从来不曾考虑试着去"正确"凝视整个现实，和现实的结合点便是构成其以感情性表演为代表的，所谓自恋陶醉的领域。这样说，是因为他直到死都没有察觉到自己存在于现实中，而只是一味追求一种让自己的肉体存在感苏醒过来的力量。三岛由纪夫从这个"观念之窗"去凝视现实，伦理性的正确和认识的真伪等一般世界的价值观等都不得不被牺牲掉。[1]

涩泽龙彦这个观点，其实也是值得推敲。因为没有哪一个作家不是带着自己独特的观念去观看现实，比如，与三岛由纪夫亦师亦友的川端康成又何尝不是？对三岛由纪夫来说，他正是活生生挣扎在现实之中的，这也是一种深刻的察觉；再者，所谓"正确凝视"，恰恰正是三岛由纪夫要怀疑与嘲讽的。何为正确，又何为不正确？何为正常，又何为不正常？

三岛由纪夫的内心，宛如枝叶丛生的矛盾森林，沉迷相互折磨的变态满足而不能自拔。但是纵使如此，读他的小说，我们会很容易被他说服。如果我们分别站在《金阁寺》中住持和纵火者沟口角度来凝视，前者的训斥和后者所谓的沉沦堕落，都有其合理性。

沉沦是人性自带的一部分，既然是人性的一部分，那么就无所谓正常与不正常。从某种意义上说，对沉沦的描写越大胆，也就是越真诚。

二

"凝视"是一回事，"凝视"之后的"表达"，是另一回事。

---

[1] 涩泽龙彦：《三岛由纪夫追记》，邹双双译，广西师范大学出版社2017年版，第28页。

涩泽龙彦把两者看成严丝合缝的卯榫结构，而三岛由纪夫看到了两者之间存在的巨大鸿沟。

三岛由纪夫在后期的自白式散文《太阳与铁》开篇写道：

> 最近，我开始从心底里感到小说这一客观的艺术类型中有许多难以表现的堆积物……于是我发明了一个微妙的暧昧的领域，摸索出了适合于这种表白的形式，即自白与批评的中间形态。也可以说，这就是"隐秘的批评"。
>
> 它是介于自白的夜间与批评的白昼之间的交界线——黄昏的领域，如其词源所示。当我说"我"时，这个"我"不是严格地属于我的那个"我"，我发出的所有语言，不能在我体内循环流动，在我的体内只有某种残渣，这种残渣不能有所归属，也不能循环流动，我就把它称为"我"吧。
>
> 当我思考那样一个"我"究竟是什么东西的时候，我不得不承认这个"我"实际上完全代表了我所占有的肉体的领域。因为我是在寻觅"肉体"的语言。[1]

我们来层层解析一番。

---

[1] 三岛由纪夫：《太阳与铁》，唐月梅译，九州出版社2017年版，第2页。

涩泽龙彦还说：作家多少抱有一种近乎令人焦躁的固有观念——觉得评论家对自己的评价不到位，不，毋宁说是被评论家误解了，三岛由纪夫当然也不例外；另外，"我们不能轻易地把小说作者和作中人物混为一谈"[1]。

理是这个理。很多作家也都一再警告过这一点，但是，这无疑是一个巨大的诱惑。正如法国作家玛格丽特·尤瑟纳尔所警告的，在同样多变、丰富、激烈、精巧筹划的作家生活和他的作品之中，人们不仅辨认出同样的缺点、诡诈和瑕疵，也发现同样的品质，归根结底同样伟大时，困难就仍然在增加，不可避免地，这是一种"不稳定的平衡"[2]。

顺便一说，三岛由纪夫爱大海却不怎么会游泳，还讨厌吃蟹。一个在海边城市长大的人，居然讨厌蟹这种美食，真是奇怪得很。由此，涩泽龙彦就把"蟹"拿过来作为三岛由纪夫写作观念的隐喻，再连接"小说作者和小说"之间的关系。

涩泽龙彦认为，观念小说杰作《金阁寺》主人公心中的金阁寺也是一种"蟹"。虽然"我们不能轻易地把小说作者和小说人物混为一谈"——我们已强调过这一点，涩泽龙彦却还是很快就自信满满地走向这片神秘的沼泽地——但是对于三岛由纪

---

[1] 涩泽龙彦：《三岛由纪夫追记》，第29页。
[2] 玛格丽特·尤瑟纳尔：《三岛由纪夫或空的幻景》，姜丹丹、索丛鑫译，上海三联出版社2014年版，第1页。

夫，尤其像《金阁寺》这样的独白体小说，涩泽龙彦认为："这是可被允许的。"[1]

　　涩泽龙彦以为已经抓住了三岛由纪夫这只确凿的"蟹"，就像我们通过相同的方式，似乎很容易就在川端康成《睡美人》这部惊世骇俗的小说里，窥见川端康成以小说这种最真诚、最坦率的方式表达出来的，内心最隐秘的欲望。我们不是已经说过"对沉沦的描写越大胆，也就是越真诚"吗？

　　《睡美人》是川端康成晚期的作品，叙述一个名叫江口的老人先后五次到访一家秘密妓院。这家妓院是丑恶的，专门为那些丧失了性能力的老人而设。睡在妓院里的年轻美人，都是服了药，处于昏迷状态，夜里发生了什么事，美人全然不知，等到第二天天亮，大家各自离去，各自体面地生活。

　　小说里的江口，六十七岁，川端康成在写这部小说时，六十三岁。你是不是很轻易地把两个人混为一谈？

三

　　对于"作品中的真实"，与三岛由纪夫论述的许多问题一样，三岛由纪夫的表述也是暧昧不清，甚至是相互矛盾的。

1　涩泽龙彦：《三岛由纪夫追记》，第29页。

他特意与作品中的"自己"保持距离。三岛由纪夫就明确说过:"小说只是谎言。"这里的"谎言",其实就是"虚构"之意;可是小说必须又要"让人信服",道理明白得很,让人信服的正是作者编织的"谎言",如果真实,那就不存在这个顾虑;为了让人信服,笔下的文字就不得不经过一番必要的加工,那么,"日常生活对话的罗列,不是文学",因为这些对话"完全看不到角色的性格"[1]。

小说和戏剧的语言,固然可以是"谎言",在三岛由纪夫看来,散文这种讲究真诚叙述的文体,语言同样可疑,同样暧昧。

是的,三岛由纪夫说过"小说只是谎言"这句话,现在却说"小说这一客观的艺术类型"。这是三岛氏常见的自相矛盾式的表述。

这是第一层。

四

第二层。

三岛由纪夫笔下的"自白"表述,也暧昧得很。三岛由纪

---

[1] 三岛由纪夫:《文章读本》,黄毓婷译,译林出版社2013年版,第80页。

夫第一部自传体小说，书名就叫《假面告白》。这本书可以与后期的自传体散文《太阳与铁》互观。

《假面告白》从他的出生一直写到成年，其中有大量幽暗内心的描写。弗洛伊德如果读到这本小说，一定会很开心地拿去做心理分析。

三岛由纪夫在1948年11月2日写给川端康成的书信中说："这次想写的小说暂定名为《假面告白》，这是我第一部自传体小说，打算以波德莱尔'既当死刑囚，又当死刑执行人'的双重决心来进行自我解剖……倘若有人说这部作品'很美'，那么，这个人便是我的最深刻的理解者。"

然而解剖到最后，又有多少真实性？其实也难说得很。在《假面告白》里，三岛由纪夫说过："自白的本质就是，'自白是不可能的'""在别人看来是我的演技，对我来说却是要求还我本来面目的表现，而在别人看来是自然的我，却正是我的演技。"

"自白是不可能的。"你看，三岛由纪夫有多"狡猾"。也就是说，三岛由纪夫所解剖的让我们信服的"真实"，依旧戴着一张面具，是掩饰过的，带着表演性质的，处理过的，自我分裂的。三岛由纪夫这部《假面告白》，可以与纳博科夫的小说《塞巴斯蒂安·奈特的真实生活》组成合乎平仄的上下联。

五

可有意思的是，与此同时，三岛由纪夫却又指责太宰治的小说，"真实性"不够。众所周知，三岛由纪夫公开表示讨厌太宰治，甚至跑到太宰治的面前，亲口对他说。

三岛由纪夫在《我经历的时代》中毫无顾忌地写道："也许是由于爱憎的法则，也许是出于他是一个故意把我最想隐藏的部分暴露出来的作家的缘故。因此，在他的文学中，许多文学青年发现自己的肖像画而感到喜悦，在同一个地点上，我却慌乱地背过脸去。"[1]

三岛由纪夫说自己读太宰治的《斜阳》，读第一章就读不下去了，作品中的贵族，当然是作者的寓意，即使不是现实的贵族也好。既然是小说，那里面多少需要有"像是真实的"地方。三岛由纪夫认为，《斜阳》不论是语言，还是生活习惯，都与他所见所闻的战前的旧贵族阶级竟然有那么大的不同。

三岛由纪夫一方面认为太宰治把三岛氏"最想隐藏的部分暴露出来"，说明太宰治写出了某种真实；而另一方面，又认为

---

[1] 三岛由纪夫：《太阳与铁》，第113页。唐月梅的译本把《我经历的时代》和《太阳与铁》合成一册出版。

太宰治笔下的"真实性"不够。这又是一对三岛由纪夫式的矛盾。

三岛由纪夫也意识到自己对太宰治的指责站不住脚,最后,他只能用很情绪化的语言概括,就是他讨厌"太宰治式的情调"。实际上,三岛由纪夫对太宰治的指责内容,我们大可不必当真。在贬损完太宰治之后,三岛由纪夫说自己的新人时代是幸福的,"没有那种初登文坛的花架子般的轰动"。这一句当然还是用来暗讽太宰治的,可以闻出三岛由纪夫浓浓的醋意。

六

日语"黄昏"(たそがれ)词源为"かわたれ",意为"那是谁",因黄昏时看不清人,会问"那是谁"。这个凝结了日本"物哀""寂"之美学的词,触及了三岛由纪夫最关注的一个主题:最纯粹的美和真能否企及,以及如何应对的问题。在最纯粹的美和真面前,连"我"都显得很可疑。实际上,三岛由纪夫一生都为"自我统一性"这个古老的哲学问题所困惑。

那么,可疑的"我"所寻觅的语言,同样显得非常可疑。

三岛由纪夫从来都不认为语言能准确、客观地捕捉到现实。他说:"语言艺术的本质,如同蚀刻法的硝酸一样,是取其腐蚀作用的，我们就是利用语言腐蚀现实这种作用来创作作品的。"[1] 三岛由纪夫让我们想象把硝酸泼在铜上的场景。另一方面，我们又在认可语言的腐蚀作用的前提下，同时营造"造型"。"那这种造型的规范正是这种'应有的肉体'的造型美、语言艺术的理想，一句话，就是这种造型美的模仿……也就是说，绝对在于探索那种不被腐蚀的现实。"[2]

三岛由纪夫笔下的"语言艺术"，就是一道带着腐蚀效果的光，我们自以为用这道神奇的光照射了现实时，其实它在造型的园子里已经折射了好几回了，光的面容，也早已模糊了。

这是最后一层。

七

1950年，日本京都鹿苑寺屹立了数百年风雨的金阁寺，被寺中僧人林承贤放火烧毁，林承贤纵火后逃逸，并在山中切腹，后被救活。经法医判定，林承贤患有精神分裂症，在对警方的供述中，林承贤说："我恨我自己，邪恶的口吃的丑陋的自己。"

---

1 三岛由纪夫：《太阳与铁》，第4页。
2 三岛由纪夫：《太阳与铁》，第7页。

此事轰动一时，这个深陷于口吃中的自卑者引起了三岛由纪夫的强烈兴趣。1956年，三岛由纪夫据此创作了后来被公认为代表作的《金阁寺》。

三岛由纪夫并没有口吃，但是小时候身体并不强壮，在他看来，两者有共通之处，都是不可忽视、不可原谅的身体缺陷，都会给内心带来深深自卑与屈辱感。更致命的是，它们是时刻在场的目击者与证人，照见如甲虫一般丑陋的自己。三岛由纪夫一生都在追寻"肉体"与"语言"之间的关系。羸弱的肉体会形成一种观念性的姿态，不消说，这身羸弱肉体也会被语言所腐蚀。

这使得三岛由纪夫对书中纵火的主人公，口吃的沟口的内心有着切身的体会。口吃，让沟口忍受屈辱，他用扭曲的眼光看待人世，最后走向疯狂，走向深渊。

而现实中的三岛由纪夫，刻苦锻炼身体，练出好腹肌，也磨炼出钢铁意志。

1970年7月6日，也就是三岛由纪夫切腹自杀前几个月，他在给川端康成的最后一封书信中写道："练习空手道已是第三个年头，终于取得了黑带，于是武术合计就是九段了。但是武艺一旦进步，便无人上前捉对过招，却又感到美中不足。"

八

身体的缺陷，不同的作家有不同的解读方法。我们应该还记得在半自传体小说《人性的枷锁》里，毛姆把自己的口吃转变成腿部残疾（巧合的是，《金阁寺》中沟口的好友柏木也是腿部残疾），这也许是出于描写更具有画面感的考虑——很显然，写伤心的主人公跛着一条腿走过夜晚的马路，要比写对话时的期期艾艾要更容易，也更方便阅读——当然，这也可能是毛姆不肯正视口吃缺陷的掩饰；而三岛由纪夫把身体的羸弱转变成口吃，这就让内心的屈辱更进一层，也更方便、更直接地凝视深渊。不管是美的、恶的，还是欲望的深渊。

"当想要述说真实的时候，语言必然这样地支支吾吾，"三岛由纪夫在《太阳与铁》中如此写道，"这种吞吞吐吐的形象，肉眼似乎能瞧得见。"他认为，这"既不是由于害羞，也不是因为害怕"——三岛由纪夫初次见到文坛前辈川端康成时，内心也在持续战栗，他发现"话一出口就会越来越糟，因而决定还是给先生写信为好"——是"如实的'真实'，注定要让语言这样地支支吾吾"。三岛由纪夫是一边奔向死亡，一边看到生的感觉宛如三氯甲烷在挥发，这是一种不可思议的"眩晕"。

沟口除了口吃之外，还是性无能，这一点和沟口的朋友柏木形成鲜明对比。这当然是三岛由纪夫在小说中特意设置的"隐喻"。三岛由纪夫身体雄健，婚姻幸福，育有后代。实际上，"性无能"的主题从三岛由纪夫早期自传体小说《假面告白》就已经涉及，那是日本战后青年整体心理状态的隐喻。我们把眼光拉远，加缪的《局外人》和三岛由纪夫《金阁寺》也是相同时期的作品，"局外人"当然也是某种心理状态的隐喻。

在三岛由纪夫笔下，性无能和口吃，面对的是同样的对象——美与欲望。其结果都是通向无能为力与屈辱，只是前者是行动上，后者是语言上的。面对无能，不同的作家也有不同的处理方法，在《睡美人》里，川端康成让美人睡着，这给无能为力的老人以某种体面，也减轻了后者的屈辱感；而三岛由纪夫让《金阁寺》中的沟口纵火，让局面更加暴力。

不过，三岛由纪夫最后却让小说里的沟口在纵火之后活了下来，这刚好和现实中的自己分道扬镳。

九

加缪说："真正严肃的哲学问题只有一个，那便是自杀。"[1]

---

[1] 出自加缪的《西西弗神话》。加缪：《加缪全集散文卷·西西弗神话》，柳鸣九主编，上海译文出版社2011年版，第77页。

哈德良认为，自杀是人的一种自由，"一个人有权决定他的生命从什么时候开始不再有用"。当然，你也可以不认同加缪和哈德良说的话。

自杀对日本作家似乎有着更浓的独特意义。如果要开一张日本自杀作家的名单，一张 A4 纸是打印不下的，这无疑会让我们瞠目结舌。

三岛由纪夫在《叶隐入门》中写道："《叶隐》其实是尝试将——死，作为调和所谓太平盛世的一剂烈药。这样的烈药，在过去的战国时代是如日常茶饭般被随意乱用的。只有进入太平盛世，人们似乎对于死这样的烈药，惧之、畏之，犹恐避之而不及。但是山本常朝的着目处，恰是在——死——这剂烈药里，发现了治疗人之精神疾患的功效。"

《叶隐》是日本武士道的经典，由山本常朝口述而成，三岛由纪夫一生奉为圭臬。从上述这段话中，我们似乎能找到三岛由纪夫最后拔刀时的思想脉络。

三岛由纪夫切腹，死前慷慨激昂地演说；川端康成吸入煤气自杀，不留下一字遗言。论死法，两人可谓决绝。与此同时，两人的决绝又不能不让人悚然。

对于三岛由纪夫的死，我们当然不能用"闹剧"之类的词简单概括。法国作家玛格丽特·尤瑟纳尔欣赏的是，三岛由纪夫这种毅然赴死的行为背后直面死亡的勇气和精神，不管三岛执意赴死是出于实现自己的暴烈美学的目的,抑或源自对天皇的忠诚。

当然,你也可以不认同玛格丽特·尤瑟纳尔的话,但是其主题的沉重,不得不让人深思。

十

有一点需要指出,我们往往都是先知道底牌,再往回追溯,寻找证据。手中的纸牌都已经打完了,才回想起之前出的那张是出错了还是出对了。

我们都知道三岛由纪夫和川端康成的结局,都是不自觉地带着这一层信息,再去阅读两个人的作品。所以,我们似乎很容易会在三岛由纪夫的笔下找到他走向切腹自杀这个结局的种种证据,也很容易在川端康成的《睡美人》之中嗅出作者衰老、死亡的气息。

这当然是一个很危险的推理。

你当然可以认可,对死亡的凝视是日常的修炼,就像三岛由纪夫所思考的,但是这与真正的死亡之间隔着巨大的鸿沟。这就好比你把晚宴的食材都一一准备好了,但是最后决定烧不烧,取决于那位面容尊贵的客人推门进来的那一刻。

还有一点,我要把三岛由纪夫所说的"营造造型"再往前推一步。写作,说到底是"造境",造"情境",造"心境",这也是深渊之"境",其"境"可以是深不知其几千里也,广不知其几千里也。如果我们想通过"境"去推演造境者真正的内心,这就好比我们把自己的目光望进另一个人的瞳孔深处,比如三岛由纪夫和川端康成的,最终的结果是迷失于虚空。

对于不明就里,甚至是一无所知的我们来说,三岛由纪夫和川端康成最后都留下了不容分享、不容他人评价的切实部分,如汹涌的大河突然横亘在前面。我们可以把加缪的描述再扩大一点点:真正严肃的哲学问题只有一个,那便是死亡(包含了自杀这种死亡)。这一点,《斐多篇》中的苏格拉底从容地思考过。

而真正严肃的武学问题,也是死亡。不要忘记了,三岛由纪夫也是一位武人,所谓从容、无惧、无我、随心所欲的杀招,最后都是以死亡这个坐标系为参考。其进入此境的体悟,只能局中人独享,无法与他人言说。如果武人这种信仰与死亡无关,那么健硕的肌肉与出神入化的剑法,该是多么的滑稽!

假使我们用招魂术,招三岛由纪夫、川端康成的灵魂于目前,我们面对他们,也只能支支吾吾,甚至失语,而迎接我们的,是三岛由纪夫的冷笑和川端康成带着大雪封山般禅意的微笑。

九

我的口吃简史

在童年无数个幽暗的日子里,我常常蹲在村口几株巨大的榕树下出神发呆,持久地困惑着。那是几株需要数人合抱,说不清年岁的大树,繁茂的树枝如童童车盖般散开,又俯身下去接近河面。阳光下斑驳闪烁、扑朔迷离的榕树叶,尤其是大片的叶子,一进入我的眼帘,马上就会变成一根根鲜红的舌头,大树在瞬间熊熊燃烧,火红一片。

我也对舌头充满好奇。我曾经无数次在镜子前张开嘴巴,仔细观察这个在我看来全身最为神秘的器官。其神秘中的神秘,不在布满无数味蕾的舌头表面,而在舌头隐藏的背部,其神秘难测的经络结构,是郑和庞大舰队藏于水中的部分。我不确定的是,我口中这只孤舟,这片叶子,最终能到达什么地方。

在温州方言里,"舌"和"叶"同音,都读 yi(入声),"口吃"称"大舌"。刚识字时,我曾鼓起勇气用温州方言问我父亲的一位朋友,大 yi 中的 yi 具体是哪一个字?父亲的这位朋友刚好从村口榕树下经过,看着这个可怜的口吃的孩子,就用手指一戳榕树叶,很认真地对我说:"喏,就是树叶的叶。"就这样,在很长一段时间里,我把"大舌"误认为"大叶","舌头"和"叶子"的意象,在我脑海里诡异地重叠着。

舌头指向话语。话语,既可伤人,如在恶中焠过毒的利箭,也可隐藏,如同真实可以躲避在谎言的后面,如龙隐介藏形。我也曾经像公鸡一样牢牢蹲在村口的榕树上,隐藏自己,带着有罪之身,透过榕树叶的缝隙,用两只像猫眼一样的大眼睛偷窥着这个让我感到恐惧的世界。

模仿与嘲笑

口吃,白日梦魇,我的兽,是在我八九岁时开始紧紧跟随。可是只要被它盯上,它就如不眠不休的影子,紧紧抓住、撕咬我长达三十来年。

我是1982年出生,1989年虚岁8岁,当年9月,进入庄泉小学读一年级。那是一所规模很小的小学,只够招收周边两三个村的适龄孩子,每个年级只开设两个班。学校建立在一大片绿油油的稻田边,夏日里听取蛙声蝉鸣一片。学校围墙上刷着"四个现代化"的标语,每一个鲜红的字有半张课桌那么大。

还记得开学第一天的兴奋与新奇。按照惯例,班主任会给每个小朋友发几块糕儿和几粒糖果,当作见面礼。糕儿是糯米做的，雪白的，形状分正方形和圆形两种，橡皮擦大小。多年后回味起来，这种糕点其实非常难吃，又硬又干，难以下咽，不过在没有零食可以吃的年代，它无异于蟠桃会上的奇珍异果。我们都有一口摧毁一切的钢铁牙齿，而汩汩而出的口水，足以浮起整块糕儿。

糕儿的滋味还没有散去。有一天，年轻的数学女老师不知何故忘记了上课，我们一班小猴子早已经在教室里闹翻天，有同学自告奋勇地说，他知道老师家在哪，他去通知，然后飞奔而出。半节课的工夫，我们就远远看见田埂上的同学往回飞奔，在他身后长长的一段田埂上，女老师扭着腰肢，不紧不慢地跟着，似乎一点也不着急。我和一伙同学就趴在窗户上，往田埂方向开心地大喊，喊的无非就是"老师加油"或"老师赶紧"之类。

女老师越走越近，依旧扭着腰肢，不紧不慢地走着。我们还以为老师没有听到大伙的呼喊，就喊得更起劲了。等到老师转进学校围墙，消失在我们的视野之中，我们马上回到各自的座位，表情严肃，伸直手指，把右前臂压在左前臂上，挺直小腰板，坐端正。

走进教室的女老师表情阴沉，先是沉默着，威严地扫视一遍教室，扫得我们每一个人心里发毛。她开始缓缓地说道："我刚刚走过来的时候，哪几个同学离开座位跑到窗户边大喊大叫，我都记得清清楚楚。你们这样子，被校长听到多不好。"女老师点了几个男同学的名字，我赫然在列。我还在教室里模仿女老师走路的动作，毕竟模仿是人的天性。这一"罪状"还被正义的女同学告发，老师更加怒不可遏。

以口吃为界，分割我的人生，八九岁之前是我天真的、肆无忌惮的混沌时代。糕儿的回味，女老师在田埂上扭着腰肢不紧不慢地走着，成为一片片脉络清晰的陌生植物化石，长埋在我的记忆深海里。无声的化石透露一个重要的信息：我在八九岁之前，还没有口吃，还是一个能在教室里张牙舞爪叫喊表演的正常小孩。

那该死的口吃，是我八九岁的时候，通过嘲笑、模仿他人得来的。

按照族谱的说法，我是浙江温州永强三浃环川人氏。永强王氏三巨族：英桥王、殿前王，还有一巨族正是环川王。

何为"三浃环川"？据本族先贤王毓英公考证，三浃环绕，"地处中心点，四面绕以各村落，而王氏较巨"，所以称三浃环川王氏。按照我们当地老一辈人的说法，我是温州永强天河镇三甲乡西前村人。从"三浃"到"三甲"名称的转变，除了读音相同，也许与保甲制度有关。

从我出生至今四十多年来，村名和辖区名称屡次变更，从归属瓯海区变成归属龙湾区，镇改成街道，乡改社区。我最新版身份证上的地址是：天河街道天河南路某某号，直接抹去了乡名和村名。我的故乡，三甲乡西前村，似乎也一同被抹去。我总觉得，老改村名地名，是对古人的大不敬，如果说那些先人真的会魂归故里，不得迷失在崭新的水泥路旁陌生的门牌前了吗？

在我的意识里，故乡三甲乡西前村的名字一直没有变。它是一座宁静的小村。来自大罗山山麓金山寺前的一条小河缓缓向东，像菜刀在九层糕上切了一刀，把西前村分为南北两块，至村口汇入池塘，再斜切流向村外，汇入远方更宽、更大的塘河。儿时小河清澈，河岸边的蜻蜓停停歇歇。村口榕树巨大，我在树下发呆，父亲在树下打牌。

小河也是村里一条天然分界线，南北两边的村民互称对方为"隔岸的"，在潜意识里亲疏有别。我家住小河北边，自然而然，南北两边的小孩各聚成一个独立的松散团体。在我们小孩子的心目中，相比大人，这条小河的分界作用更加重要与明显，尤其是在战争游戏中"攻占杀伐"之时。

关于领地和边界意识，人其实和动物差不多。在一项研究中，研究人员把夏令营里的十岁男孩分为两个团体竞争，如此一来，团体之间的互相鄙夷——例如看见另一个团体的成员，就装出恶心的表情捏住鼻子——随即成为常见的行为。当我们这些南北两边的小孩在村口桥头碰到，或隔河相望时，也是做出如此举动。以小河为界,双方少有往来。

不过有一段时间,这条边界被暂时打破。同伴告诉我:"隔岸突然发现一个小孩,是'大叶(舌)'的,讲话讲不出来,很有意思,我们快去看看吧。"我一听同伴这么说,那还等什么,赶紧去看看,去嘲笑吧。

这一次我和同伴,我们村的全体小孩,包括南北两边,都毫无心理负担地轻松跑过边界——也就是通过村口那条普普通通的水泥桥——暂时不分敌友,开心地奔走相告,一起相邀去看奇观。

当我回忆往事时,客观事实与头脑加工的界限会变得模糊,这就好比回想故乡的桥,桥的基本架构方位如何,桥洞如何,准确无误,不过栏杆上是否有雕花,雕的又是什么花,就不大确定了。记忆如藤蔓,会自发磨损或生长。

我和同伴在隔岸河边开心地大笑着、喘着粗气,放开手脚奔跑着,眼中看到的树木房屋都是摇晃跳跃的。我已经迫不及待了。远远看到一个和我差不多年龄的八九岁小孩,被围在垓心,一群人围着他嘲笑。既然是多对一,那就不用担心,我和同伴到了之后,也加入其中,无非是把这个圆圈圈得更大一点而已。我环视一周,看到曾经可怕的敌人面目不再可怕,而且是并肩作战,一起嘲笑一个最弱者。如此场面,非常有趣。

他好像一只无意闯入人群,被人堵住没来得及逃脱的黄鼠狼，十分可怜，又十分倔强，昂着小小的头颅，鼓着腮帮，红着脸，又像一只穷途末路的小刺猬，捏紧拳头，与我们车轮战。

我们出招的方式是：轮流模仿他口吃的说话方式。后来我知道，对口吃者（其实是弱者中的一种）的模仿与嘲讽，是每一个人的天性，也是最日常最轻松的恶，而对内心敏感的口吃者来说，这种最日常最轻松的恶，恰恰是最羞辱最致命的打击。反之，能克服这种行为的人，在口吃者看来，是天底下最和善的人。后来我也突然明白，当年被我们围在垓心的那个小孩，内心有多么屈辱。

"大……大……叶（舌）……的，你……你……怎么，不……不骂……我们呀！"

"我……我……我……"

他真是一个倔强不服输的小孩，对于我们每一个人的轮番嘲笑，他都想顶回去，可是由于口吃，他回不了话，就算好不容易用力顶回完整一句，又会马上淹没在接下来好几人推来的嘲笑大潮里。口吃的小孩终于意识到，进攻与反击之间存在着一段他难以逾越的时间差，而我们早已经笑得前仰后合，甚至在地上打滚了。他捏紧小拳头，瘦小的肩膀气得发抖，他看到自己的溃败。

很长一段时间，我们狠狠地模仿、嘲笑那个口吃的小孩，直到被家长发现，拧着耳朵警告："短命儿，你会死耶，不要学那个孩子'大舌'，你也会变成'大舌'的！晓得否？"

"短命儿，你会死耶。"它是我们那个年代母亲骂儿子的常用语，这句话还有一个语气加强版本，是一个母亲在盛怒之下的咒骂："短命儿，单下死（指猝死）！"这样的咒，我们小时候早就听惯了，早已不当回事了，不过现在当我把这句话写下时，才有些悚然。

可能是家中母亲责骂严厉，又或者是他们毕竟经验老到，有几个"短命儿"确实不再模仿、嘲笑那个口吃的小孩，远远看到他如遇瘟疫，避而走之。

而我并不当回事，在和同伴游玩时，继续故意模仿口吃以取乐。

我家人多碗筷多，爷爷有眼疾，只能算半个劳动力，大姑妈已经出嫁，还有两个姑妈待字闺中（说"待字闺中"只是文雅的说法，无非是在家或在田劳作），叔叔为求功名在家苦读，足不出户。父亲身为长子，在十一二岁时就要撑起这个家，每天起早摸黑，已经是一家之主。

我家孩子又多，父母每天都要操持大家庭，对我这个老三只能放养，没有多少精力看顾。每天放学回来，书包往家里一扔，脚还没落地，我就往外跑，找同伴去了，上山爬树下河游泳，等到肚子饿了，暮色四合，每家每户炊烟袅袅，我与同伴才各自依依不舍地回家。

这也使得父母没有时间也没有机会发现我当年这个奇特的爱好，等到有一天我突然发现自己也变成口吃，已经是无可挽回。我意识到，那个在教室里张牙舞爪、自由表达的我，永远回不来了，生活本身唤起一种全然古老的恐惧。我和那个口吃的孩子一样，也已经彻底溃败。

在往后的许多日子里，每当我回忆这个噩梦般的时刻，我总看不清那个口吃小孩的面容，他仿佛被裹在云雾里，云雾也藏起他的眼神。他仿佛是一尊小小的古罗马雕塑。古罗马工匠在创作时大多不会雕出雕塑的瞳仁，这反而使得雕像能用全身来"观看"你。那位被我嘲笑的口吃孩子也一样，他不让我看到他的面容和眼神，而用他的全身来"观看"我，谴责我，谴责着自食其果的我。在我内心深处，藏着对他深深的愧疚。回忆里的他不看我一眼，拒绝与我和解。

罪与罚

在接下来近三十年岁月里，我无时无刻不在承受着口吃对我的惩罚。从九岁左右开始，一直到而立之年，口吃跟随我，从懵懂到发育，到第一次梦遗，穿过整个青春期，直到娶妻生子。可以想象，它对我的影响之大。它甚至改变了我行走的方式，让我走路都显得拘谨，不那么堂堂正正、光明正大。口吃让我自卑，羞涩，不自信，以及对公开表达，站在台上，成为众人焦点而产生恐惧。

美国作家苏珊·桑塔格曾身患癌症，在持续数年的治疗中，不仅忍受疾病本身带来的痛苦，而且还得承受加诸疾病之上的那些象征意义的重压。在她看来，后一种痛苦远比前一种痛苦致命，因为它以道德批判的方式使患者蒙受羞辱。这其实也是对疾病的一种普遍体验，尼采在《曙光》中写道："想想疾病吧！——去平息患者对疾病的想象，这样，他就至少不必因对疾病胡思乱想而遭受比疾病本身更多的痛苦——我认为，这种痛苦很是厉害！它大得很啊！"

桑塔格在康复之后发表《疾病的隐喻》，考察了疾病（尤其是传染性流行病如结核病、艾滋病，以及恶性的肿瘤病，如癌症）如何被一步步隐喻化，从"仅仅是身体的一种病"转换成一种道德批判或者政治态度，从一种疾病的隐喻又如何进入另一种疾病的隐喻。

我仿佛看到不再年轻的桑塔格坐在上江路咖啡馆有着整排落地窗的走廊座位，在我对面，隔着我正在使用的这台联想笔记本，在2019年1月下午温暖的阳光里。她撩了一下额头前那一缕白刘海。不得不承认，不管青春年少还是容颜衰老，她长得都挺好看，那一缕白刘海恰到好处。

桑塔格发现："只要某种特别的疾病被当作邪恶的、不可克服的坏事而不是仅仅被当作疾病来对待，那大多数癌症患者一旦获悉自己所患之病，就会感到在道德上低人一头。"[1]对待不同的疾病，有不同的态度。人们对癌症患者撒谎，"人们之所以对癌症患者撒谎，不是因为这种疾病是（或被认为是）死刑判决，还因为它——就这个词原初的意义而言——令人感到厌恶：对感官来说，它显得不祥、可恶、令人反感……从加之结核病和癌症之上的这些隐喻，可以看出一类特别能引起共鸣的、令人恐惧的隐喻的实施过程"。她说："身体里有一个瘤，这通常会唤起一种羞愧感。"[2]

我说过，口吃的我感到生活本身唤起的一种全然古老的恐惧，这是一种综合的体验，或者说是经过一步步运算得出来的结果。很多年过去，当我内心已经足够平和，宛如大病初愈，得以对其好好观察一番，捋清这头贴身怪兽的每一层毛发，这才发现，口吃和某些难以启齿的使身体发生异变的疾病一样，有着太多太多相似点。其第一层相似，正是羞愧以及对自己的厌恶——对后天口吃的我来说，羞愧、厌恶的里层，是罪。

---

[1] 苏珊·桑塔格：《疾病的隐喻》，程巍译，上海译文出版社2018年版，第20页。
[2] 苏珊·桑塔格：《疾病的隐喻》，第30页。

层层叠叠、复杂的隐喻裹在羞愧的外层。因为任何一种病因不明、医治无效的疾病，都充斥着意义。从某种意义上来说，口吃就是一种病因不明、医疗无效的神秘传染病，是一种对选定人群的惩罚与审判。

桑塔格的这本书，仿佛一把质量很好的洛阳铲，在我成分复杂的内心铲起深藏其中的诸多意识，并在日光之下，让其纷纷扬扬、无处遁形。

2019年1月，为了着手写这篇文章，我在各种购书网站猎书，发现相关的书籍非常少，这是一个被忽略的冷门话题，也可遥想古往今来谋求自救的口吃者，会是多么绝望。最后好不容易在孔夫子旧书网上找到两本，一本是1954年"浙江口吃矫正"编著的《矫正口吃讲义》，另一本是2007年吉林大学出版社出版的《口吃矫正概论》。

要知道，我是在读完桑塔格的《疾病的隐喻》后才下单购买这两本书，吊诡的是，刚一下单，马上泛起一阵羞愧感。我仿佛买了两本治疗某种羞于启齿的疾病的小册子，比如《如何戒掉手淫坏习惯》。我猛然惊醒，附加在口吃上的隐喻竟然如此沉重，让我自觉低下象征"正常"的头颅。

除此，口吃者还一直生活在暗示的云团之中，不管是来自外部环境还是自身，都充满暗示。

口吃者一再被暗示的首要精神活动是，区分别人的正常与自己的不正常。当口吃者反思自身时，首先发现的，便是一种矛盾，他被卷入漩涡之中，晕乎乎地迷失方向。不管何种文字游戏和逻辑绝技，理解首先是统合，而口吃者感到的是一股强烈的分裂意识。就人而言，理解世界，就是迫使世界具有人性，在世界上烙下人的印记。口吃者的世界不同于非口吃者的世界，这是不言自明的道理——我其实只是简单换几个关键词，改写了加缪那篇著名的长文《西西弗神话》中的一段，[1]就能说出口吃者的困境、羞愧过后的困境。加缪那篇著名的长文是谈荒诞的，口吃者对此当然有深刻的体会。对口吃者来说，羞愧过后，正是荒诞。

众所周知，《圣经·新约》里"肉中刺"的形象一直困扰着克尔凯郭尔，正如身体里的瘤一直在提醒着桑塔格。桑塔格观察到，在疾病被赋予的某些道德判断之下，潜藏着有关美与丑、洁与不洁、熟悉与陌生的审美判断，比这些形变更重要的是，它们反映了一种潜在的、持续不断的变化，即患者身体的分解溃烂。而克尔凯郭尔的"肉中刺"的形象，来得更为内在、隐蔽。

加缪评论道，克尔凯郭尔感受到的那根刺，不是用来平息痛苦，相反是用来唤醒痛苦的。其实，世上再没有其他人比口

---

[1] 原文见柳鸣九主编的《加缪全集散文卷·西西弗神话》，第86—87页。

吃者更容易感受到这根"肉中刺"了。

当口吃者不得不说话时,这根"肉中刺"会马上显现,他马上意识到,最可靠的是缄默,口吃者会马上闭嘴,在嘲笑(外部的)和屈辱(内在的)中,这个"肉中刺"又马上藏好,如暗河通过皮肤任意一个毛孔隐入体内,又如悬在头顶的达摩克利斯之剑,马上消失不见,然后等待着下次被唤醒。既悲哀又嘲讽的是,下一次的被召唤必然会到来,一次又一次,如此反复无穷。

西西弗艰难的上山之路,加缪这样写道:"他脸部痉挛,面颊贴紧石头,一肩顶住,承受着布满黏土的庞然大物;一脚蹲稳,在石下垫撑;双臂把巨石抱得满满当当的,沾满泥土的双手呈现出十足的人性稳健。"当我在口吃最严重时,碰到不得不表达时,会张大嘴巴,嘴唇颤抖,藏在口袋里的双拳紧握,有时还不得不一跺脚,如炮弹发射,才能迸出几个词,辛苦荒诞如西西弗。

对口吃者来说,这块巨石又是什么呢?就是"想要正常表达的意图"。而好不容易推到山顶的巨石又一次滚落,是口吃的再次发生。

在加缪看来,正是西西弗在地狱里无休止的重复劳作,才让"荒诞"的体验凸显。回程时稍事休息的西西弗,也让加缪"感兴趣",因为这是西西弗"意识到荒诞的那些少有片刻,命运才是悲壮的"。对西西弗来说，加缪或许只是一个悠闲地喝着咖啡、抽着烟斗的旁观者，而我是一个切切实实的亲历者。西西弗不会"比他推的石头更坚强"（这是加缪的原话）。

我最感兴趣的，也最能感同身受的，是巨石在山顶开始松动时，站在山顶的西西弗那难以描摹的面部表情。怒吼有之，悲叹有之，然而又不得不如此。

人不能两次踏进同一条河流，同样的，在地狱里，也有时间之河在滚滚不息地流淌。在加缪看来，西西弗每一次的"重复劳作"，都不是严格意义上的重复，都是独一无二的。就像口吃者的每一次口吃，也是独一无二的。对当事人来说，其无能为力的挫败感，是一次次在加强，在累积，被暗示。

羞愧——痛苦——恐惧，形成一条首咬尾闭环的荒诞大蛇，口吃者的每一次口吃，就是一次被暗示，如电流通过条闭环，能量加强再储存。这正是童年口吃走投无路的我内心所受的折磨。当我偶尔记起，这条荒诞的大蛇是我通过嘲讽的方式得来的，更是让我羞愧难当、悔恨交加。这也使得我不敢再去嘲讽任何一个人，因为我无时无刻不背负着的十字架，本身就够沉重的了。

我做过很多梦，大部分当然已经忘却，不过有几个梦，记忆犹新。它们犹如轮廓分明、重量明确的怪石，矗立在色调灰暗的记忆园子里。我能够记起的梦,大多是灰暗的,这也许是我幽暗童年的投射。

有一个梦是这样的:我躲在一堵灰墙的转角,手握一把能发射子弹的玩具枪,以一对多,远远地看着我的敌人,一大群孩子跑近。梦里的我,既紧张又恐惧,并不断告诫自己,再等等,等他们跑进射程,再开枪也不迟。等他们跑得足够近,眼看快要扑向我的时候,枪却卡壳了,我然后惊醒。

另一个梦与这个梦类似。我梦到自己突然会飞,不过刚学会这项神技还不熟练,总是很难控制平衡。我飞过村子上空,飞过自家屋顶上的烟囱。可是,等我被一群孩子包围时,无论怎样挥舞手臂,死活都飞不起来。

奥地利心理分析学家A·阿德勒说,许多人都做过飞翔的梦。这种梦的关键,和其他梦一样,在于它们所引起的感觉。它们留下了一种轻松和充满勇气的心境。它们把人由下带到上,把克服困难及对优越感的追求视为轻而易举之事。因此,还能让我们推测出做梦者是一个勇敢的人,他高瞻远瞩,雄心勃勃,即使在睡眠中,也不愿意放下他的野心。它们包含了一个问题"我是否应该继续向前"和一个答案"我的前途必定是一往无阻的"。[1] 对许多人来说,A·阿德勒的解读也许没有错,不过,

---

[1] A·阿德勒:《自卑与超越》,黄光国译,作家出版社1987年版,第95页。

这其中不包括我,飞翔对我来说,是逃避。

这两个梦现在看起来明白好懂,那就是童年口吃的我,被人嘲笑之后,不能反驳、反击(梦里的枪卡壳),又无所逃于天地间(梦里的飞翔)的苦闷象征。

还有一个梦是这样的:我独自在景区山间行走,似乎是故乡天河镇天柱寺景区,四周空无一人,走着走着,四周突然崩塌,大地只剩脚下一线,我踩在悬空石梁上,脚下是黑暗深渊,最后连石梁也崩塌,我飞速下坠,坠入无边的黑暗,然后惊醒。

天柱寺景区位于大罗山天柱峰下,因晋代古刹天柱寺而得名。它是我们这些附近的小孩抬抬脚就能到达的风景区,属于小学春游必选,也是大人照片之中最常见的背景。因为熟悉,便显得普通。湖、瀑、亭、寺,乏善可陈,如此而已。想不到它进入我的潜意识,成为我谋求安全依靠的一个符号。

童年的我极度缺乏安全感,要把床顶到墙,靠墙睡才睡得踏实。母亲每次看到我把床顶到墙,就会把床拉出二十公分的距离,我呢,又会把床顶回去,两个人如木匠拉锯,旷日持久。母亲最后也没办法,只得依了我的意思。我后来发现,大人们不让床靠墙其实是有道理的,早年农村卫生条件不好,墙壁上常有蜘蛛、壁虎、老鼠光顾,从墙壁上掉下活物也是常有的事,最恐怖的活物当然是蛇。大人们留出的这二十公分,是在人和虫兽之间留了一条缓冲带,说得"道家"一点,是留出一条虫路，让大家各自体面。

在老人之间，还曾流传着驱蛇咒。从我有记忆开始，全村只有一位老太婆会念这种咒了。她告诉我们这些上蹿下跳的小猴子，如果碰到蛇，千万不要打它，更不能杀它，要不然会有报应的，你们只管跑来告诉我，我会念咒，一念咒，蛇自然就走了，不会害人的。有一次，我们还真的在一间老房子的墙角看到掉下一条蛇来，我们赶紧去告诉那个老太婆，只见她用小脚颤颤巍巍地走来，对着蛇念念有词。我躲在她那有老人味的灰衣服后面，打量着她，也打量着蛇，这时，她原本非常讨人厌的核桃般的脸却不怎么讨厌了，反而散发出一股说不清道不明的神光，宛如菩萨模样，我肃然起敬。全版的驱蛇咒我已经记不清了，只记得都是四字一句，朗朗上口，开头两句是："蛇有蛇路，人有人路。"

纵使墙角会掉下虫蛇来，我也觉得墙角是最安全的。我梦中的"脚下一线"，可能是床的边沿在梦中的变异。

我记得前两个梦是小学时期做的，而第三个梦是在初中时期做的，可以看出随着时间的推移，第三个梦变得隐晦难懂起来。"天柱寺景区"和"脚下一线"好解读，可是让我费解的"地陷"究竟是什么意思呢？

A·阿德勒说，很少人没有做过从高处摔下的梦。这是非常值得注意的。它表示，这个人的心灵保守并担心遭遇失败，而不是全心全意要克服困难。当我们记起：我们传统的教育就是警告孩子，要他们保护自己时，这种梦便很容易了解了。孩子经常受到告诫："不要爬上椅子！不要动剪刀！不要玩火！"他们总是包围在这种虚构的危险之中。[1]

与A·阿德勒所说的从高处摔下的梦相比，脚下大地突然塌陷的梦中意象所要揭示的内容，显然要沉重得多。直到我写这篇文章的今天，才恍然大悟。塌陷的大地，是我童年不能构建的语言系统——没有了用来有效沟通的语言系统，我只能坠入深渊。三个梦，其实是同一个噩梦。

据说每一个为口吃所苦的人，都有几个死活难发的音。对我来说，最难发的，是以W开头的字，如：王、我、吾、吴、五……我后来发现，这些字，大多指向我自己，是长久恐惧的暗示。王，是鄙人的姓，是历代先祖在我额头刻下的抹不去的印记；五，由于和吾同音，吾又指向我羞涩的内心，这使得与吾同音的字一并遭殃。

从小到大，与人谈话，我都一直不敢直呼自己的名字，一喊自己的名字，就会很不自然，会脸红，会感到羞涩，会口吃。每当我听到有人直呼自己的名字高谈阔论时，我内心都会一惊：

---

[1] A·阿德勒：《自卑与超越》，第95页。

"他为何能如此轻松又毫无顾忌地说出自己的名字?"

大学毕业后,我供职温州一家媒体单位,有一位领导刚好也姓王。有一次,电梯到了一楼,他出来我进去,我们陡然相遇。这个时候,我不得不招呼,就张大了嘴巴,声音宛如一阵穿过寒舍的风,从我嘴里往外穿梭,对"王"字,对自我的恐惧,以及对权力的恐惧(这一点,我需要坦率承认),在这一刻数箭齐发,击中了我。

我说:"王……王……总……好。"话刚出口,我就对自己感到无比羞愧,无比厌恶。然后电梯一路爬升;他笑笑,走出单位大门。

后来,他多次谈起此事助兴,他口中的版本是:我"王"还没"王"好,他人已经在大门口了。一个很有画面感的描述;一击重重的惩罚,让我回到了久远的童年时代,痛苦地站在垓心。我身处席间,无法反抗。无法反抗的无奈最悲凉。我也只能陪着大家大笑。哈哈哈哈。

在我的家乡,每逢好日子,比如正月或者胡公大帝的诞辰,常常会做戏。做戏是热闹的,族人于烟雾缭绕、锣鼓喧嚣中去庙里请神,把神明请来端坐在戏台正对面高出地面一米多的神龛之上,方可开始做戏;同样,戏做完之后,也要把神明请回去。这表示着,做戏是为了娱神,而我们这些被神明俯视的凡人只是顺便"蹭"了几场出将入相、才子佳人的好戏。

看戏的人,大多是穿着黑色或灰色衣服的老人,远远看上去,像一群在等待什么的乌鸦。在老人们早早坐好,演员们登场之前,有个把小时的空当,琴师们在调音,幕后人员在摆设简单布景。对我们这些孩子来说,空着的,但又不完全是空着的戏台,有着致命的吸引力,所以,戏台两边挤满了孩子。这个时候,调皮的胆子大的孩子会趁机上台,朝下面的观众扮几秒钟鬼脸,再飞速撤回,蹲回原来的位置。孩子们随着"好戏"轮番上演,胆子会越来越大,离戏台角落越来越远,有时甚至到达舞台中间。胆子最大的小孩,会跑到舞台中央,有模有样地打几拳或者翻个跟头,再从舞台另一头跑下,然后在众目睽睽之中,跑过观众席,宛如英雄凯旋,脸上洋溢着骄傲,回到之前的角落,让我们刮目相看。

而我,从来不敢跑上戏台一步。在锣鼓喧嚣、烟雾缭绕之中,我越来越疏离,与这个世界格格不入。我仿佛看到自己坐上一只小船,在风平浪静之中,被推离湖岸,慢慢飘向湖中心,孤立无援。整个过程,极其痛苦,又异常敏感。这种恐惧、疏离、无援的感觉"一以贯之",影响我对班级讲台、学校舞台、课堂提问,甚至职场会议的观感。在后来的媒体单位工作时,还没轮到我发言,我早已经心跳加快,脸皮发红,喉咙干渴发烫,宛如刀割。

麻烦的是，童年家乡的戏台会无限扩大，如一把巨大的铲子，不管我如何抗拒逃避，它终究会铲到我，把我托举在戏台之上。人生不就是一个大戏台？很遗憾，我生而为人，无所逃于天地之间。当戏台覆盖整个天地，我开始对无处不在的人际关系感到恐惧。

和许多口吃的人一样，我不敢在人前打电话，对座机感到恐惧。可我又在媒体工作，身处隔出一格格的大办公室，每天又不得不打许多电话。每当我面前的座机响起，我就浑身一抖。单位的老前辈老是语重心长地告诫我："要多打电话，才会有新闻。"我连忙说："嗯嗯。"

有一个补救的办法，那就是偷偷躲在消防楼梯井里，用手机联系或采访。门禁刷出去的消防楼梯井，是一个截然不同的世界，那里灯光幽暗，地面并不太干净，每一层楼梯上常常坐着一群颓废的中年人，他们在低头抽烟，等到快吸完时，就狠狠地猛嘬一大口，突然变得明亮的烟头，照出一张张苦闷的脸。他们深吸一口气，然后戴上依旧乐观的面具，开门，走进每一层的亮光里。

等他们都走进去之后，我才敢掏出手机，战战兢兢地给采访对象打电话。电话那头的采访对象如果有点官职，我会更紧张，一接通电话，自己的身体会马上一弯，语气变得卑微："是某某科长吗？您好您好！我是永……永胜……"

我从市区单位下班回到永强家,中途要转一趟车,耗时一个多小时,在每天的公交车上,我不得要领地读书。我从傍晚出发,一直走到暮色四合,公交车在乡村的柏油路上颠簸飞驰,宛如孤舟开在黑漆漆的海面上。我合上书本,看不清楚未来的路在何方,驮着一身夜色与疲惫走进家门。

我刚结婚不久,妻子性格温柔。我当然一再暗示妻子,我如李安那样有才华,请耐心等待,妻子总是笑笑,说,假李安也多的是,不过有才无才都无妨。儿子刚出生,笑得一脸肉嘟嘟。我和父母住在一起,没有存款,工资不够我买书。

这是我人生中最幽暗的岁月。

拯救与逍遥

卡夫卡写过一封著名的长信《致父亲》。据卡夫卡的好友勃罗德回忆,《致父亲》写于1919年11月初,卡夫卡声称要通过母亲向父亲转交此信,迟至11月下旬,信终于到了母亲手里,但是母亲并未转交,相反,她把信退还给了卡夫卡。这是一封未到达收信者手里的长信。

卡夫卡研究者叶廷芳认为,这与其说是一封家信,毋宁说是一篇政论,一篇有关社会学、伦理学、儿童心理学、教育学和文学的论文。这也是一篇向过了时的价值观念宣战的檄文,其观点之鲜明、文笔之犀利，为一般书信所没有，它反映了时代转型期两代人精神上、思想上的隔阂之深。这封信可以看作是卡夫卡用书信体写的一篇创作，具有很高的文学价值和历史文献价值。[1]

己亥年正月，我窝在沙发好几天，才读完卡夫卡的《致父亲》，坦率地讲，阅读的过程并不快意，可称为艰难跋涉。卡夫卡固然是向他高大伟岸的父亲袒露内心，不过他袒露的又是怎样晦暗难明的内心？信中句子布满大量用于补充的"（）""前提""也许""可能性"等词语或标点符号，以及"几乎从来没有比这次"之类的曲折表达。这让我想起北京白云观保存的描述道家养生方法的《内经图》拓片，在修行的当事人看来，经络分明，自成体系，而在旁人看来，却是七弯八拐，云山雾罩，甚是费力，一点也不"观点鲜明"。在卡夫卡这里，"观点鲜明"尤其困难，正如他在写给自认唯一与他有着深厚感情的亲人——妹妹奥特拉书信中袒露的："我写的与说的不同，我说的与想的不同，我想的与应有的想法不同，于是一步步走向极端的黑暗。"

卡夫卡的朋友，旁观者勃罗德认为，卡夫卡母亲不转交书信的做法也是情理之中："此信若果真送去，效果必然适得其

---

[1] 叶廷芳：《卡夫卡全集·编者前言》（第7卷），中央编译出版社2018年版。

反：通过此信使父亲理解自己的意图根本不可能实现。"勃罗德是从递交书信的效果来考虑此问题。

卡夫卡想托母亲转交这封信而遭到拒绝后，就再也没有采取别的途径让父亲读到它，也没有因此把它撕毁。在叶廷芳看来，收信人能否读到并不重要，重要的是留下这样一篇文献，而这是符合作者观点的，卡夫卡说过："每一件真正的艺术品都是文献与见证。"那么真正的文学也作"如是观"。叶廷芳意思是说，不管卡夫卡的父亲有没有读到这封信，它都完成了卡夫卡认为的"文献和见证"的使命。

而我觉得，叶廷芳的看法属于"过度解读"。因为在当时的场合，这封书信恰恰没有完成"沟通"这个最直接的使命。卡夫卡给父亲写长信，本质上是出于实用目的，而文学性，只是这封"失败"书信的衍生。

有人认为：卡夫卡没有直面父亲的勇气，更重要的一个因素显然是，他内心一定明了这封信的真正目的：它锋芒所向，绝非单纯针对父亲，而是"父—母"双边同盟。他知道，只要这封信交到母亲手里，他就基本达到了目的。

在我看来，解读这份书信的诸君都没有看到或者说忽略了卡夫卡写这些信时内心的恐惧。

卡夫卡有写日记的习惯，日记是他用来疏通"庞大的内心世界"而设计的一条隐秘暗河。不写日记，"就会感到怅然"，是他不能忍受的。

1919年7月6日,卡夫卡在日记中写道:"同样的思想、渴求、恐惧经常不断。但却比以往更安详,这样,就好像有了一个大的发展,我感觉到了这个发展遥远的战栗。说得太多了。"而日记的下一条,直接跳到了5个月之后的12月5日,卡夫卡写道:"又被这可怕的、长长的、窄窄的裂缝撕碎,这裂缝原来只有在梦里才能被抑制。从自己的意志来说,这在清醒的时候自然是永远不行的。"

对断断续续写日记的卡夫卡来说,5个月的空白并不少见,不过,这段时间的空白不能等闲视之。因为,它也越过了卡夫卡写《致父亲》长信的11月,这一大片留白,尤其显得刺目。参考7月6日和12月5日首尾两条日记,在我看来,这段空白,恰恰是卡夫卡特意留下的,是他内心一以贯之的恐惧使然。

当然也不排除这一种情况,卡夫卡可能毁掉了若干日记以及与日记相近的其他文字。因为1921年年底,自知将不久于人世的卡夫卡郑重托付给恋人密伦娜的日记是经过处理的。不过,不管卡夫卡是用何种方式造成了日记在1919年11月前后的空白,都无损我们的推论。

卡夫卡说:"与父亲搏斗的希望是一幅绚丽的夜景。"这固然雄壮,可也是无望,因为结局从一开始就已经注定。是卡夫卡的恐惧与无望感染了我。可以想象,卡夫卡是按捺着全身的恐惧，一气呵成地写完这封灼人的书信，在写信的过程中，流泪有之，战栗有之。

"卡夫卡没有直面父亲的勇气"，这句话固然没错。可是又有多少人能有真正直面父亲的勇气？如堂吉诃德跨上瘦马，举起长矛，无所畏惧地冲向风车？

读卡夫卡的《致父亲》，我想起我的父亲。阅读所营造的封闭环境，宛如置身戏剧舞台，当你沉醉其中时，四周的廊柱会不知不觉出现。在这个中央明亮、四周昏暗却没有观众的戏剧舞台上，出现了四个人——两对可以对观的父子。

卡夫卡的父亲14岁从小贩做起，独自闯荡世界，逐步成为较为大型的零售和批发经销商，劳碌一生，终于谋得商场一席之地，也充满忧虑和疾病，留下一个子孙满堂的家庭。他完全靠自己的劳动，干练地、谨慎地，以牺牲和奋斗建立了财丁两旺的家庭，这个家庭及其丰裕的生活影响了卡夫卡的想象力和创作。

我父亲在十一二岁时，就以长子的身份撑起人口众多的大家庭，和卡夫卡的父亲一样，他也是劳碌一生，充满忧虑和疾病。在和叔叔分家当晚，父亲盘算了一下，按照每年田里稻谷收成，要还上十几年，一直到我大哥结婚那年，才能还清从我爷爷手中开始欠下的利滚利债务，于是，父亲蒙着被子，在黑夜里绝望痛哭。后来，他从农民到手艺人再到商人的身份转换，也是完全靠自己的劳动，干练地、谨慎地，以牺牲和奋斗建立了这个大家庭，虽不能称得上富裕，衣食倒是无忧。

几年前，我带着妻儿从市区回永强老家聚餐，晚饭过后，碗筷收拢，灯光之下，祖孙三代其乐融融。饭桌前的这种氛围，在我的童年是不可想象的。母亲带着自豪的口气对我的妻子说："永胜爸爸算了一下，他一辈子总共盖了七间房子。"母亲说完，忍不住呵呵笑着，转头看着父亲，父亲带着他一贯的平静，只是简单补充一下，从他营造自己的房子，换到地段更好的房子，再到分别给我大哥和我置办装修的房子，总数确实是七间。

卡夫卡欣赏着自己的父亲那些伟大的商业才干，怎样售货，怎样待人接物，不知疲劳，遇疑难情况马上就知道该如何决断。

我父亲同样精力旺盛，处事精明。他没有读过几年书，可是三位数加减能立马报出结果，身份证号码看一眼就能背诵，在童年的我看来，这无疑是一项神技。村里人办红白喜事，他是账房首选，归账时，能算到几枚硬币。父亲后来给我的新房装潢做监工，最后能算出，胶水被装修师傅偷偷拿走了一桶，钉子还剩大约多少枚。

对卡夫卡来说，童年的饭桌是痛苦的存在。卡夫卡形容："饭桌旁笼罩着阴沉沉的寂静，只有一些训诫不时打破这种寂静。"在我的童年，父亲整天在外奔波，只有到饭点，才会回家吃饭。在饭桌上，我们兄妹三个人（我和大哥中间，还有一个姐姐）总是战战兢兢，担惊受怕父亲在大口嚼粥扒饭之余，问起我们的成绩。我在小学时的功课并不算差，不过难免有考不好的时候，父亲自身所带的威望，让我们战战兢兢，都想尽快吃完，好溜下饭桌。

在父亲高大的背影里，我和卡夫卡都失去自信，感到自惭形秽，对自己的身体没有把握，像一只卑微的甲虫。卡夫卡这种体验，有其复杂的、难以把握的心理因素，而我很大一部分是拜口吃所赐，但是殊途同归，我和卡夫卡都从各自的幽暗小径出发，前往那片早已注定的黑森林。卡夫卡和他父亲讲话时，"是一种断断续续、结结巴巴的讲话方式"，这是我们各自所走的小径发生了交叉。

在父亲这把"衡量万物的尺度"面前，卡夫卡看到了"分裂"。世界在卡夫卡眼中分成三个部分：一个是他这个奴隶生活的世界，其中布满了条条框框，这些法规是专为他制定的，可他，不知道为什么，总是无法完全符合这些法规；然后是第二个世界，是与他的世界有天渊之别的父亲的生活世界；最后是第三个世界，他和父亲之外的所有人都幸福地生活在这个不受任何命令和戒律约束的世界。

关于第二个世界，卡夫夫有过一个很具画面感的描写：

"有时我突发奇想，觉得在打开的世界地图上，你四脚八叉地躺着。于是我感到，只有那些你的肢体未曾盖住或尚够不到的地方，才是我的生活可以插入的空地。根据我对你魁梧身材的遮盖面的设想，留给我的地方是不多的，那些有限的地方也不是很令人鼓舞的。"

卡夫卡承认，在父子关系之中，是他站错了位置，才铸就了如此特殊的一个样本，"但总之是同我现在这样完全不同的人，我们可能会相处得非常好。如果你作为我的朋友、头头、叔叔、祖父，甚至（尽管那样我会更加犹豫呢）作为我的岳父，我都会很高兴的。但正是作为父亲，你对我来说是太强大了，尤其因为我的哥哥们很早就死了，而妹妹们隔很久才来到人世，我不得不一个人承受第一次冲击，对此我的力量太弱了。""我相信，你有一种教育天才；你的教育对一个像你这种类型的人很有可能会是有效的。"

这也让我想起《圣经》里的歌利亚和霍布斯笔下的巨人"骄傲的国王"，当我们以普通人的身份仰望、对阵这两个巨人时，第一感受是恐惧。我也相信，这很有可能是卡夫卡死亡意象中的最后一层底色，他从高空坠落，最后的着落点正是父亲魁梧的身体。

检阅卡夫卡的日记和书信，"自杀"一词或者有关自杀和死亡的意象出现频率之高，令人震惊。这是卡夫卡清醒时的噩梦，"我时刻准备赴死"。他想象最多的场景，是纵身跃出窗户。

1913年5月4日，他在日记里写道："不停地想象着一把宽阔的熏肉切刀，它极迅速地以机械的均匀从一边切入我体内，切着很薄的片，它们在迅速的切削动作中几乎呈卷状一片片飞出去。"

1913年7月21日，他在日记里写道："（想象）脖子套上绞索，被某人毫不在乎地从底楼窗户往上拉，血肉模糊，穿过所有的天花板、家具、墙壁和顶楼，冲破屋瓦时，我身体的残余部分也散落了，只剩下空空的绳套。"

在我看来，这是卡夫卡面对父亲这把"衡量万物的尺度"时，看到自我的彻底分裂。

拜口吃所赐，我也体验到切肤的"分裂"疼痛，世界在我眼中也分成三个部分，只是和卡夫卡分裂的世界相比，溢出的内容稍有异同。口吃者看到的世界，第一个，是在"正常"世界（除我之外）参照下显得"不正常"的自我世界，其四周布满了表达的雷池，这些雷池是专为我制定的；第二个就是"正常"的世界，"所有人都幸福地生活在其中，不受任何命令和戒律约束的"，自由的、流畅表达的世界。

我所看到的第三部分，是自我分裂的世界。和卡夫卡把自己切割成碎片的残酷想象不同，我感觉到体内还藏着一个完整的我，一个截然不同于世人看到的另一个我，他像"肉中刺"那样慢慢长大,最后长成如俄罗斯套娃一样,躲在我的皮肤几寸之下。如果说,我是正常的,那么,他是不正常的;如果说,我是不正常的,那么,他一定是正常的。我分成两个互为表里的我。

一个分裂的我,也看到一个分裂的父亲。准确地说,在童年的我看来,父亲一度是分裂的。这是他的玩牌习性带来的。

我家是玩牌世家。曾祖父和曾伯公两家人辛辛苦苦劳作一年,一年的收成无非就是一头猪,几担谷。正月,兄弟俩卸下劳累了一年的扁担,坐下来玩牌,赌注是全年的收成,一开一合,要么一年收成变两年收成,要么一年收成付诸流水,非常刺激。

父亲很好地继承了"家学",从我记事时,他就已经是玩家了,而且远近闻名。童年我随大人一道出门吃酒,边上的人问起我是谁家的孩子,我只要报出父亲的名字,人群之中就会发出一阵恍然大悟、拉长音调的"哦……"。大家没说的意思是:你父亲闻名已久,就是玩家嘛。

还真有一个故事。家乡有一家金银铺,卖金银首饰,也给顾客熔打金银,把碎金碎银打成顾客想要的款式,无非就是简单的戒指、项链、手镯之类。父亲把好几小块大小不一、形状各异的碎金摊在掌柜面前,掌柜一块块拿起指给父亲看,右掌一把收拢,过秤,像扫帚掠过秋天的晒谷坦,说:"就这些打成一个金手镯,对吧。"当年有一段时间,家乡的男人流行戴粗粗的黄灿灿的金手镯。

父亲道:"不对,少了一块。"

掌柜说:"错不了,我一块块指给你看过了。"

父亲道:"在来的路上,我把每一块碎金都记清楚了。确实少了一块,要不你再找找,看是不是不小心黏在什么地方了?"父亲微微一扬剑眉,睁了睁双目,露出冰冷的目光。

父亲两道剑眉,眉毛如杂草般疯长,太长的部分往下挂,有的甚至到达眼睛的位置,让原本犀利如刀的眼神,显得更加犀利,仿佛在草丛里藏了一双刀刃发蓝的尖刀。玩牌时,父亲看对手一眼,仿佛能看穿对方手中的底牌,会让对手心里发毛。那是一双能看穿老千的凶狠眼睛。

掌柜无奈,只得在柜台上东摸摸西摸摸,做出寻找的样子。

父亲道:"你把手摊开看看。"

掌柜只得摊开那只肥嘟嘟的右掌,在右手大拇指指窝处,卡着一块老大不小的碎金。掌柜连说不好意思。父亲嘿嘿冷笑几声。

父亲曾屡屡向母亲痛下毒誓,说不再玩牌,再玩,就是狗生,就不是人,就切下手指,可是他一再破戒,一再发誓,十根手指一根不少。年少时,我经过村口,看到父亲蹲在村口大榕树下玩牌,父亲已经看到我,我却假装没看到,决绝地走开,余光里的父亲起身想跟我打招呼,看我如此,欲言又止,又走回大榕树下的牌局。玩家们蹲在榕树下,远远望去,像一群捆绑着的田蟹围在一起。

有一天,我从托管班突然回到老家,撞见父亲在家中摆下牌局,那天母亲刚好不在。烟雾缭绕,牌局上的人,两臂刺青龙白虎,父亲显得很不好意思,和我打招呼。我没接话,表情厌恶地上楼。我想这两次,一定是深深地伤了父亲的心。

父亲向来节俭持家,知道每一分钱都来之不易。早年,他带我外出吃面(都是不得已外出办事的机会,在他看来,在外吃饭是浪费钱),看着店里挂着的菜单,问我要吃什么面,我想都不用想,他只会点最便宜的清汤肉丝面。父亲曾说:"吃可以吃差点,穿可以穿好点。因为吃进去的东西无论好坏,别人都看不见,而你穿得如何,别人却看得一清二楚。"现在,父亲年过六旬,对早年说过的这句名言应该会有更复杂的看法。

可与此同时,父亲又一掷千金,在牌桌上杀红了眼。那一叠叠掷向地下牌局的钞票,都是他一分分辛苦赚来的。在童年的我看来,父亲的精明与权威,让他显得高大,如阵前的大英雄;可是他玩牌的恶习,又让他在众目睽睽之下,在家人的面前,跌下马来,狼狈不堪。

在很多年前一个特殊的夜晚,父亲一夜未归,这是之前少有的事。母亲心急如焚,有两种情况,要么父亲手气很好,赢了很多；要么父亲手气很差，输红了眼不死心，在牌局里"倒款"想翻盘。"倒款"就是向牌局借钱的意思，当年家乡牌场"倒款"的规则是，借900当1000，借9000当10000，利滚利，随借随赌，要么翻盘，要么一败涂地。

母亲越想越恐惧，觉得父亲很有可能是碰到后一种情况了。她在黑夜里瑟瑟发抖，披上衣裳，准备挨个去牌局找父亲，出门前嘱咐我们三个人先睡。碰到如此变局，我们三个人哪能睡得着，也干坐在床上瑟瑟发抖。等到天蒙蒙亮的时候，终于从后门传来开门声，父亲和母亲刚好错开了，父亲裹着雾气先回来了。他看着一夜未睡的我们，开心地把一叠钱如扇子状打开，说："爸爸今晚赢了很多钱，每人一张一百元。"然后抽出三张，想分给我们三个人。我们三个人像躲避瘟疫一样，连忙摆手："不要不要！"父亲一看如此，也作罢，收好钱，坐等母亲回来，心里盘算着是选择吵架还是选择哄母亲。

很多年之后，父亲玩性开始慢慢褪去，如蓝色牛仔裤慢慢褪色。有一年春节，拜年的亲戚间摆牌局怡情，父亲上桌，我这才有机会好好观察父亲，只见他搓搓双手，时而咒骂，时而大笑，像做戏一样，眼睛里闪烁着孩子般的天真。原来如此！我这才重新回忆早年父亲裹着薄雾回来的凌晨，我一直忽视了那一大把钞票背后的那一双眼睛，那是一双极致单纯的孩子般的眼睛。

我曾经大胆劝父亲,打比方道:"玩牌好比两碗水,从这碗倒到那碗,再从那碗倒到这碗,水不见多,散出去的反倒不少。"父亲看着我,没有说话。

父亲直到头发鬓角灰白,背微驼,不再玩牌,就像在推手时遇到高手,激情一下子被人卸去,突然就变老了,也就进入陈酒一样的老年生活。

随着我年岁增长和阅历丰富,我拼凑了各种信息,拼完这张巨大的拼图之后,才开始懂得甚至理解父亲。

我如此絮絮叨叨"我的"卡夫卡和我的父亲,无非是想说,大多数口吃者自我拯救的第一步,其实是要与父亲和解。有点遗憾的是,我似乎理解父亲太迟了。卡夫卡说:"与父亲搏斗的希望,是一幅绚丽的夜景。"这句话固然没错,不过,我帮卡夫卡续上的是——"既然无望,那就不如和解。"等我理解了父亲,和父亲和解之后,巨大的压力卸去,我忽然发现,我的口吃竟然好了一大半。

接下来,如何抹去口吃这头巨兽剩下的下半截身体,更是一个艰难缓慢的过程。是阅读与写作,拯救了我。

大约是在小学毕业后的漫长暑假,蹲在榕树下发呆的我突然想要读书,我当然不是指读教科书,而是要读正儿八经的课外书。我发现,在我们村少有同伴有此看法,我想很大一部分原因是当年家家户户都不富裕使然，家长都不曾想过要给孩子营造阅读氛围，他们认为买课外书纯粹是浪费钱。

我已经在几里地外的永中镇（以前称镇，现在改街道了）一家书店里看牢了岳麓书社出版的《三国演义》，书价10元以内，那黄色的封面很是可爱，胜过村口小店里卖的任何口味的糖果。我决定，一定要得到这本书，便开始有意识地存钱。当年，父母给我的零花钱少得可怜，而慈爱的奶奶有求必应，无奈奶奶身边钱也不多，爱莫能助。对我来说，这是一个旷日持久、孤独的行动，也是一个无比灼人的秘密。

我终于存好钱，除去来回的车费，刚好够买书。一路上，我焦渴难耐，如困兽埋头用爪子挖掘逃生出口，我也一路咒骂我所生活的乡镇为什么连一家像样的书店都没有，要不然就不用白白浪费路费，那样就可以更快地买到我朝思暮想的《三国演义》。车停靠永中桥头，口吃的孩子狂喜地奔向那家梦中的书店，我进门，来到熟悉的书架那一格，抽出来一看，傻眼了，书重版，涨价了。我只能又把书放回去，颓丧回家。

不过，接下来存钱就快了。没过多久，我终于得到人生第一本属于我的书。

我光着膀子躺在走廊的水磨地板上读《三国演义》，宛如夏日饮冰，如此阅读经验，刻骨铭心。

很多年后，电视剧《新三国》热播，我的"人生导师"瞿炜先生鼓励我在报纸上写"三国专栏",写完之后,反响不错,单位顺势让我做一场讲座。讲座安排在晚上,当晚刚好打起了雷,而我的妻子最怕打雷,她要在惊恐的滚滚雷声中,从几十里外的老家转几趟公交车来我所在的单位听我散讲。讲座开始的时候,我看到妻子收拢雨伞,安静地坐在最后一排,微笑地看着我。越过山丘的人,最圆满的结局也不过如此。

我是在供职的单位碰到人生最明亮的导师——作家瞿炜先生,我称他为瞿夫子。是他给我创造了轻松的工作环境,帮我改善了人际关系,指导我后期阅读、写作体系的构建,让我可以在工作之余写作。我是在他的指点下,花了两年半时间,用单位的电脑写出了人生第一本书。

瞿夫子允文允武,从文之余,挥拳于斗室,有嘶嘶破空之音,又舞春秋大刀于公园榕树之下,有古之大将之容。我执弟子礼甚恭,向他讨教文武之道,我仿佛一堆乱码碰到程序员,被编排重组。我笑曰:"吾当为周仓。"

文武之道,在于一张一弛。瞿夫子一再告诫:打拳,要落落大方,立身中正,往开里打。我于呼吸吐纳之间,打开了躯体,改善气息,人也自信了,有勇气了,也在冥冥之中改善了口吃——这其实和许多口吃治疗师提倡的呼吸训练法殊途同归,甚至要比后者更上一层。

阅读写作是心灵层面的活动,而习武是生理层面的活动。

它们最后都如江河入海,让我的灵魂得到救赎,帮我洗去我对那个口吃的孩子犯下的罪孽。

口吃这种缺陷,此时不仅是受难的象征,而且也可以是自我超越的契机。陆云对"三害"之一的周处说:"人患志之不立。"当我立志之后,仿佛倒持的太阿调转了个。口吃所带来的疏离感,冷眼旁观的姿态,内省的性格,反而让我找到观察、书写这个世界独特的,甚至是有点舒服的角度。我想,口吃严重的毛姆一定也会同意我的这个观点,虽然他表面上一定死活不承认。

2017年3月,我从供职15年的单位离职,离开我人生中第一份工作。在办理离职手续当天,我偷偷撕下工作卡上的照片放进钱包,再上交空白的工作卡。照片上的我,穿一件红T恤,站在办公室白墙前,笑容如少年模样。然后打开单位电脑,把用来存放个人文章的文档剪切到个人电脑——这是我15年来最宝贵的积蓄——然后看着每一个盘慢慢格式化。

我离开单位,穿过单位附近的门洞,无所畏惧地走进夜幕之中。我决定去做一名前途未卜的自由撰稿人。离职之后,我也写了人生第一首诗《我写一百二十块一条的影评》,这首蹩脚的诗全文如下:

我写一百二十块一条的影评

也写一千元一首的优美赞歌

我听从现场的人指挥

帮忙摆放会场椅子

装好名目繁多的荣誉证书

还要不失时机夸奖一句

以壮行色

我把灵魂的繁茂大树一片片切落

再放在油腻腻的秤上待价而沽

我还要说服自己

这就是祖祖辈辈的生活

亘古如此

我演好片也演烂片

我咀嚼生活的五味杂陈

我穿过午夜的门洞

走进裹着薄雾的城市

周而复始

2019年2月,农历己亥年正月,我带着妻儿去台北旅游。

我们在雨雾朦胧中到达九份老街，阿朱和序哥沿街吃喝，不亦乐乎。走着吃着，游客的喧嚣渐渐被我们抛到脑后，原来，我们不知不觉已经逛到老街尽头，转过几棵孤绝的樱花树，在一个上坡转弯处，赫然发现一间二手书店，名曰乐伯。

我大喜过望，马上钻进书店淘书。不知道是算运气好还是算运气不好，恰逢这间二手书店歇业打折拍卖。在意大利男高音的吟唱之中，真有离别君王垂泪对宫娥之感。我在书架里抽出一册卡夫卡的小说，反复摩挲。在结账出门之时，山间的雨雾突然散去。我一再回头，回望这个既真实又不真实的书店——这个读书人的避难所。

从九份回到西门町的当晚，我们继续逛街。我在转角一间文创商店看到一排陶瓷制品，里头刚好有一只制作精美的陶瓷甲虫。女店员用嗲嗲的台湾腔向我推销："都是泰国设计师设计的，独一无二。"

我看着阿朱说："你买给我吧。"

阿朱问，这个有什么用？

我说无非就是镇镇纸，放着看看。阿朱一边掏钱，一边说："真是搞不懂你。"

我和卡夫卡，曾经都是甲虫。现在，我的兽收起舌头，变成一只明亮的甲虫栖息在我的案头，看着我写作。我们微笑和解，坦然面对。

图书在版编目（CIP）数据

口吃简史/王永胜著.--上海：上海文艺出版社，
2024.--ISBN 978-7-5321-8373-9
Ⅰ.I267.1
中国国家版本馆CIP数据核字第2024F8U157号

发 行 人：毕　胜
策 划 人：李伟长
责任编辑：胡曦露
封面设计：日　尧
插画设计：瞿冬阳

书　　名：口吃简史
编　　者：王永胜
出　　版：上海世纪出版集团　上海文艺出版社
地　　址：上海市闵行区号景路159弄A座2楼 201101
发　　行：上海文艺出版社发行中心
　　　　　上海市闵行区号景路159弄A座2楼206室　201101　www.ewen.co
印　　刷：浙江天地海设计印刷有限公司
开　　本：850×1168　1/32
印　　张：6.625
插　　页：2
字　　数：120,000
印　　次：2024年10月第1版 2024年10月第1次印刷
Ｉ Ｓ Ｂ Ｎ：978-7-5321-8373-9/G.0357
定　　价：52.00元
告 读 者：如发现本书有质量问题请与印刷厂质量科联系　T:0573-85509555